中国被动房创新与实践

——领航者访谈录

张华　著

中国建筑工业出版社

图书在版编目（CIP）数据

中国被动房创新与实践——领航者访谈录 / 张华著.
北京：中国建筑工业出版社，2018.12
ISBN 978-7-112-22895-9

Ⅰ.①中… Ⅱ.①张… Ⅲ.①建筑业－经济发展－研究－中国 Ⅳ.① F426.9

中国版本图书馆 CIP 数据核字（2018）第 245844 号

本书是继中国建材报社张华《中国被动房时代》之后又一部力作。该书全面阐述了我国“十二五”期间及“十三五”开局被动房创新与实践、探索，写出了面对严重的pm2.5、环境污染、经济下行压力等，一批被动房的领航者，敢于选择风险与机遇、坚守与挑战、创新与实践，探索出我国被动房发展新模式、新路子。该书采用访谈、纪实、感言等形式全面记录了被动房的技术、特效、功能以及绿色节能建筑、建材更新换代、被动房在发展道路上遇到瓶颈与突破等等。书中内容丰富所涉的面不仅有建筑装修、建筑规划、建筑设计、施工培训等，还有新型材料在被动房不同气候带的开发运用研制生产以及建设者大胆探索、潜心实践的心路旅途，为推动我国供给侧改革、节约能源发展、建设美丽城镇、人们安居乐业提供好故事、好经验。

责任编辑：张　磊
责任校对：李美娜

中国被动房创新与实践——领航者访谈录
张华　著

*

中国建筑工业出版社出版、发行（北京海淀三里河路9号）
各地新华书店、建筑书店经销
北京光大印艺文化发展有限公司制版
北京京华铭诚工贸有限公司印刷

*

开本：850×1168毫米　1/16　印张：17¼　字数：353千字
2019年1月第一版　2019年1月第一次印刷
定价：78.00元
ISBN 978-7-112-22895-9
（32988）

序一

《中国被动房创新与实践》继《中国建材报》社张华《中国被动房时代》之后又一部力作。该书全面阐述了我国“十二五”期间及“十三五”开局被动房创新与实践、探索，写出了人们面对全球环境污染，应该发挥绿色节能建筑、建材优势，积极引领新时代的绿色被动房住宅，为我国大面积普及推广超低能耗建筑做出应有的贡献。

我作为一位老建材人深感被动房领航者，敢于选择风险与机遇、坚守与挑战、创新与实践，探索出我国被动房发展新模式、新路子值得点赞，也为张华顺应时代潮流、紧密联系群众、关注行业发展敏感点、深入一线报道、做好行业新闻工作者应该坚守的现场实地采访等等，点赞。

该书作者采用访谈、纪实、感言等形式全面记录、讲述了被动房行业在中国发展道路的新故事、新技术、新功能以及绿色节能建筑、建材更新换代、遇到瓶颈与突破等等。

书中内容丰富所涉及的面不仅有建筑装修、建筑规划、建筑设计、施工培训等，还有新型材料在被动房不同气候带的开发运用研制生产以及建设者大胆探索、潜心实践的心路旅途等。书中生动地介绍了一批时代弄潮儿，敢于担当、勇于开拓创新，大胆调整产业产品结构，为推动我国供给侧改革、节约能源发展、建设美丽城镇、人们安居乐业提供好故事、好经验。

党的十八大报告指出，建设生态文明是关系人民福祉、关乎民族未来的长远大计，节能减排是实现健康可持续发展的重要举措；发挥好中国行业话语权地位；讲好中国故事等等。

本书作者仅仅抓住在建筑、建材行业里，积极发展具有节能降耗特征的“被动房”，来体现我国人民对生态文明建设、人类健康、节能减排等重要性的美好愿望和迫切需求。

发展“被动房”是城乡建设领域能源和环境可持续发展的重要探索和实践，是保障我国能源安全的重要手段，有助于缓解我国大气污染等问题，可显著提高室内空气舒适度水平，并延长房屋的使用寿命，还可为夏热冬冷地区提供舒适的居住条件，也为我国实现中国式被动房像中国高铁一样屹立在世界东方，作出应有贡献。正所谓本书的价值内涵，为此，望广大开发商、地方政府、投资商等企业单位，积极领会被动房精神，此书，能够为广大读者带来学习参考的价值。

原国务院参事 蒋明麟

2018 年 7 月 11 日

序三

在美国华盛顿马里兰州有幸接受张华女士采访，并接受写序的任务。说心里话，缘于我们有共同的专业领域和对工作目标的共同追求，以及对被动房，也就是太阳房深深的热爱之情。我就抛了一块砖，写上自己的一点心灵感悟。

我们团队从事低能耗智能化太阳房（被动房）的研究与开发，张华则对被动房行业在中国的推广和普及禅精竭虑。绿色、低碳、环保、智能化技术的开发和应用是全世界共同面临的研究课题和发展方向，也是解决全球能源危机，改善生态环境，提高人民生活质量的必由之路。被动房的研究和推广是这个世界性大课题中一个不可或缺的关键环节，为此，我愿与我团队为中国被动房产业做贡献，也愿于广大读者朋友来一起探讨研究开发被动房发展之路，为中国和世界人民节约能源危机服务。

面对全球环境污染，能源危机，看到张华女士以一个新闻工作者职业敏感，对世界和中国被动房行业发展的历史、现状和未来的发展方向在积极做深入细致的研究和探索。我们也责无旁贷，在所不辞，虽然提出是“太阳房”，与被动房略有不同，但节约能源、环境保护、舒适健康的指数还是相同的。“太阳房”与“被动房”基本概念一致，只是叫法不同。

读着张华的最新著作《被动房创新与实践》与 另一部《中国被动房时代》。我能够感受到祖国在强大，有一批时代先锋，在强国的路上以饱满的工作热情，创造人类奇迹，谱写人生最美丽居住历史画卷！相信，这将是一个建筑里程碑式的新纪元，具有改变建筑、建材革命命运的新时代！

此时，不禁使我想起了我的导师，中国工程院院士、清华大学倪维斗教授。倪教授多年从事的科研和教学工作很多和节能减排有关。张华女士和倪教授的年龄和背景很不相同，但相同的是他们在不同的岗位上都在为节能减排这个人类的共同事业做着应有贡献，相同的是他们对事业强烈的使命感和责任感，我深深为此所感动。

我将于我的团队共同开启中美友好被动房新征程！为世界人类美好家园而奋斗！

美国太阳房建筑研究院 院长 刘绍英

2018 年 12 月 6 日

目 录
Contents

序二

“十二五”至今，我国大面积创新实践、成功扎实完成了中国被动房开发建设与推广应用。作为建材行业的主流媒体——《中国建材报》顺应时代潮流，率先开启了被动房专版。

被动房专版一路走来，紧跟时代脚步，深度报道了奔跑在我国建筑、建材行业前列的精英们大胆引领、潜心实践、勇于创新的丰功伟业。写出了被动房行业发展中瓶颈与突破以及机遇与挑战、智能化装配式被动房在我国的成功运用推广价值、被动房与儒家哲学相得益彰、生态＋智能化被动房新路径、被动房深度融合发展之路、利废新材助推被动房产业发展、新型暖便材料助力被动房产业发展、“绿色脱模剂”助力装配式被动房产业发展、被动房＋休闲：特色小镇新路径、被动房与儒家哲学相得益彰、“德国被动房”与“中国窑洞”一脉相同等一系列关于被动式超低能耗建筑在中国实施发展的源泉与动力。

这些报道，对于讲好中国被动房产业故事，传播好中国被动房产业的声音，具有重要意义。

借作者出书之际，在这里，我谨代表建材报编辑部，对所有参与被报道的企业家、制造者、生产者、研制者、开发者以及建设者、引领者表示深深敬意与感谢！您，作为新时代的先驱，敢于挑战中国被动房，大胆选择中国被动房，而且成功扎实地完成了被动房的创新与实践、示范引领工作，奔跑在我国建筑、建材工业化前列，为我国生态文明建设、助推供给侧改革、循环经济发展所作出的特殊贡献点赞！

目前，被动式超低能耗建筑已在全国大面积以不同形式落到实处。在“十三五”各项任务实施决胜之际，《中国建材报》将一如既往地关注政府与企业所需，坚守新闻道德底线，深度报道企业、开发商、政府、老百姓关注敏感、热点话题，为中国被动房呐喊、助威！为被动房全面推进节能降耗、为进一步加强被动房与特色乡镇、乡村振兴战略、既有改造等重要新型战略工程对接继续鼓与呼！

被动房产业已走进了新时代，迈向了新征程。超低能耗被动式建筑的伟大号角已在中华大地全面吹响，形成了勃勃生机的大好局面，神州大地再次掀起被动房热潮，我们将与您一路同行！

面对全球环境污染，作为建材报人，愿与您同样肩负承担一份强大的社会责任。让我们一道风雨兼程、并肩作战，互相支持，共同开拓新思路、凝聚新力量，不断创新，进一步深入理解中国建筑、建材工业革命发展的深刻文化内涵，进一步明确发展中国建材、建筑的新方位、新思路，进一步加快节能减排步伐，为建设美丽中国再续新篇章，开创新未来！

《中国建材报》社总编辑 钟云华

2018 年 11 月 3 日

第一篇

姚 兵

中國建材報

CHINA BUILDING MATERIALS DAILY

www.cbmd.cn

工信部拟公布48项建材工业鼓励推广应用的技术和产品

雄安建成"世界样板"离不开绿色建材

——访住房和城乡建设部原总工程师姚兵

湖南：多举措处置3起生态环境部挂牌督办案

华南部分浮法玻璃企业上调价格

全国建材行业2017年技术革新奖表彰大会在厦门举行

获奖项目153个，获奖企业190家，962人次获奖

广州陶瓷工业展即将开幕

访谈录—姚 兵

雄安建成“世界样板”离不开绿色建材

——访住房和城乡建设部原总工程师姚兵

（图为姚兵接受中国建材报记者张华采访）

■本报记者 张 华

“目前，《纲要》应该迅速实施落地，建材行业应该深度转型升级，发挥重大作用，以实际行动迎接新形势带来的新机遇、新挑战！政府职能部门应出台新政扶持绿色节能建材产品，适应《雄安新区规划纲要》提出的要求。”中纪委驻住房城乡建设部纪检组原组长、住房和城乡建设部原总工程师姚兵，近日接受《中国建材报》记者采访时表示。

实现雄安规划需要建材来一次革命

一个时代有一个时代的特征与要求，今天这个时代，给建材行业带来了更高要求，我们应该责无旁贷迎接新机遇、新挑战。

《纲要》指出：雄安新区将形成“中华风范、淀泊风光、创新范儿”。姚兵说,《纲要》是按照习近平总书记要求的“世界眼光、中国特色、世界标准”编制而成的，全国人民都在关心。

在姚兵看来，目前建材行业最重要的任务是解决《纲要》的落地问题。我国改革开放以来，全世界都知道了中国深圳特区与上海浦东特区，它们的设立后来带动了珠江三角洲和长江三角洲的发展。今天，雄安新区实质上改变的是北京、天津、石家庄城市腹地的交通拥挤问题。她是新型、绿色、生态城市，也是习近平新时代对城市发展的一个定位、一个典型和样板。

这其中，环保、低碳、绿色、节能建材起着中流砥柱的作用，无论是城市规划、发展、振兴，还是乡村变化、海河改造、千家万户的幸福等，都离不开建筑、建材行业人的努力，他们在国民社会经济中地位非常重要，建材人要深刻认识到自己的社会地位，这关系到民生、中国形象以及人民的幸福指数。为此，建材人要责无旁贷地迎接新机遇与新挑战，为社会做贡献。

《纲要》指出：雄安新区要建成绿色、生态城市。这对建材企业来说，首先是转型升级的考验。“能不能干好这个任务，不是简单喊喊口号的事情，而是要脚踏实地践行鲁班精神、工匠精神、企业家风范等。”姚兵认为,《纲要》对于建材行业也是一次创新的好机会。实现建筑的低碳、环保、绿色、节能等功能，将由一个新城市来体现。她需要绿色建材，包括绝热能建材、金属化学建材、装饰混凝土，还有建材加工一体板、生物质装饰装修新型材料等以及诸多化学建材来展现。一个新型城市的魅力、风采离不开绿色节能建材。

姚兵指出，建材概念已不是原来的概念了，而是要能够满足未来城市——雄安市场需求的建材，这就需要行业进行一场革命来适应雄安规划的需要。譬如，把白洋淀的芦苇做成秸秆，发展生物质建材，这就要研究当地的生态资源，如何把特色资源发挥到极致，充分利用这些资源，做成新型建材来满足生态建材、节能建材、绿色建材和高效、高强建材的需要，所以建材要改革的内容太多，可以说，实现雄安规划是建材的一次革命。

姚兵认为，雄安建设对于建材行业来说必须经过大众创业、万众创新，通过企业、专家、高校的通力合作实现产、学、研相结合，统一攻关，才能实现中国第一、世界第一、全球样板。

政府应加强对建材行业的扶持

政府是落实《纲要》的引擎，只要政府扶持到位了，企业就来劲了，那就成了高效的建设。

姚兵认为，既然建筑、建材行业企业家、企业员工等在国民社会经济中地位很重要，那么政府部门就应该充分扶持。“在德国，对于将太阳能开发利用为可再生能源的企业，政府会给予适当的补助与扶持。所以雄安新区在政策层面，政府应当适当考虑加强扶持。”

姚兵建议，第一，新型建材要进一步研究，进一步完善，需要研发、攻关、发展，那么政府就应该下拨科研经费，对大项目给予立项、补助；第二，鼓励自主创新，上新型建材。比如被动房、装配式建筑等，需要各种各样的新型建材，这些建材在初期成本较高，政府要有扶持，该减税的减税，该让利的让利。政府职能部门要下大力气研究这些问题，这也是政府支持的体现之一；第三，政府部门应该在雄安新区的建设方面给予优秀建材企业、优秀企业家、优秀工作人员以及高级工匠等适当鼓励和表彰。凡是在雄安新区规划过程中作出重大贡献的企业，应给予重奖，激励重要的科研成果、科研人员、领军人物。政府部门不要把雄安建设看成简单的招投标，如果不给予特殊政策扶持、激励，雄安新区也能建，但是不会有更多的高效、高强建筑、建材。

“政府是落实《纲要》的引擎，只要政府扶持到位了，企业就来劲了，那就成了高效的建设。”姚兵向《中国建材报》记者表示，要做成一座神圣、美丽的雄安不是那么简单的事情，因为雄安还需要很多东西需要研究。譬如：如何让这座新型、绿色、低碳、环保的城市，雨水来了不再流失，也就是海绵城市，如何智能、数字化管理等等都需要研究、开发、实践，同时也需要经费，政府要给予支持。改革开放以来，全国范围内已经开展了既有城市生态的修复和修补工作，雄安则不需要这些工作，一建就是世界样板，它是城市概念发展到今天的一个新启发、新要求，也是中国进入习近平新时代对城市的整体要求，所以政府应该全力支持。

第二篇

崔源声

建筑材料工业技术情报研究所
中国被动式集成建筑材料产业联盟
山东永隆住宅工业化科技有限公司
中国建材报

被动房发展中的瓶颈与突破（上）

——访中国被动式集成建筑材料产业联盟主席崔源声

坚定信念 勇往直前

访谈录 — 崔源声

被动房发展中的瓶颈与突破（上）

——访中国被动式集成建筑材料产业联盟主席崔源声

记者与崔源声（左）在交谈

■**本报记者 张 华**

2017年，是实施“十三五”规划的重要一年。春节前夕，就我国大面积推广实施被动房建设是否能顺利进行，以及我国在“十二五”期间推广普及被动房存在的种种障碍、若干问题的解决方案等话题，记者深度采访了国家建筑材料工业技术情报研究所（简称情报所）首席专家、中国被动式集成建筑材料产业联盟（简称被动房联盟）主席崔源声。

认识障碍

记 者：目前在很多地方，经常听到一些人问这样一个问题，什么是被动房？被动房是干什么的？被动房除了示范引领、政策倾斜、加大新闻宣传力度以外，是不是还应该利用各种宣传媒介进行“扫盲”？请您就这个现象给我们谈谈您的看法。

崔源声：首先，可以肯定地说，对于绝大多数人来说，基本上还不知道什么是被动房，有的人连这个名字都没听说过，更不用说什么理解被动房的含义了。

其次，即便听说过被动房或有个一知半解的人，也不知道这是建筑领域的一场革命，是下一代建筑的代表和标志。在认识深度和广度上，无论是产业界或是普通大众，都对被动房普遍存在着认识上的障碍。而要打通这一个障碍，没有 5 到 10 年的努力恐怕是不行的。

再者，即便是知道了被动房或对被动房有了些认识，也存在着对被动房认识上的不少误区。比如，有人认为被动房成本太高，无法承受；还有的人甚至认为被动房是炒作，是不现实的东西，离普通大众还很遥远，等等。诸如此类的认识障碍，亟待不断澄清和消除，否则被动式建筑将无法快速推进。

记　者："十二五"期间，涌现了一批被动房的领航者，您认为他们的引领会对"十三五"期间被动房发展起到怎样的作用?

崔源声：最起码在业内知道了什么是被动房。被动房在中国的首次出现，以及完整的被动房概念开始见之于中国诸多媒体，最早可以追溯到 2010 年的上海世博会。作为上海的友好城市，德国最大的港口城市汉堡，把经过认证的名为"汉堡之家"的被动房作为世博会的礼物赠送给上海。很遗憾，这座被动房并没有像赠送者期待的那样，即在世博会结束之后留在那里供人们参观和学习，而是后来被一个私人老板给买走了。如果说当年上海世博会的被动房项目没有引起普遍的重视，是由于被动房刚进中国（或者是太新奇了），人们还不能很快接受新事物的缘故，那过了几年之后，到 2013 年元月秦皇岛"在水一方"中德合作被动房示范项目的竣工，已经开始引起业界的足够重视了。这个项目是在德国能源署的技术支持下，在住房城乡建设部的资助和指导下，由秦皇岛五兴房地产公司来具体组织实施的，应该说这是一个真正由中国人自己建造的本土被动房。而且，从层高方面看，也算得上是世界上最高的被动房了。因为一般国外的被动房基本都是在 5 层以下的低层被动式建筑，很少有 18 层高的建筑。这也是由中国的国情所决定的，中国人多地少，不盖高层没有办法容纳这么多人口。

与秦皇岛"在水一方"示范项目同时进行的，还有哈尔滨的"溪树庭院"项目、山东潍坊的"未来之家"项目等。由于各种原因，有的项目设计标准不高，据说个别项目的节能效果只有 80% 左右，无法达到德国被动房 90% 以上的节能要求。

秦皇岛"在水一方"示范项目，通过了中德两国政府组织的专家验收，被认为达到了德国被动房的标准，而且在成本控制上也实现了每平方米不超过 600 元的设计目标。秦皇岛项目的示范和带动效应巨大，引起了上下游产业的关注和行动。特别是建材行业的积极介入和主动配合，掀起了我国建筑全产业链的跟进与协同。该项目取得巨大的成功，与该公司总经理王臻的个人努力是分不开的。我把王臻称之为"中国被动房建设第一人”。

办法：加大宣传示范力度。

记　者：鉴于以上种种认识上的障碍，您有何建议与对策？

崔源声：继续加大宣传和示范的力度。从 2010 年的上海世博会开始，中国的大众和传媒开始大面积接触被动式建筑的概念和示范案例，到目前已经有 6 年多的时间了。在此之前，只有少数的专业人士和官方部门在国际交往中了解和看到过被动房的实例。在过去的 6 年多时间里，从建筑建材等领域开始关注被动房，一直到建材和装备部门，乃至设计和施工行业，包括普通的消费者，已经有不少人了解和关注被动房事业了。但是，正如上面所分析的，真正了解和掌握被动房全面知识的毕竟还是少数。我们要继续加大被动房的宣传和推广力度，特别是在还没有样板房的省份。就宣传和推广的形式而言，举办会展活动是有效的信息和知识普及活动，这些活动已经开始形成规模化和常态化趋势。在国家行业部门的推动下，不少企业和社会团体开始加入其中，经过新闻媒体的广泛报道和传播，被动房的理念和实践正在全国范围内逐步深入各个层面，包括融入千家万户的意识之中。然而，尽管这两年的宣传和推广活动已经形成了星火燎原之势，仍有一半以上的省份和地区还没有真正启动被动房示范项目的建设。从实际现状来看，进一步加大宣传和示范推广力度的工作还是需要坚持下去。

政策障碍

记　者：您认为目前阻碍我国被动房产业飞速发展的最大障碍是什么？

崔源声：政策要先行。有关被动房的鼓励和支持政策，最早于住房城乡建设部的文件或部分官员的讲话里出现过“给予支持是发展方向”之类的提法，十分含糊；直到 2015 年 8 月 31 日，才在工信部和住房城乡建设部等两部委出台的《促进绿色建材生产和应用行动方案》里，出现了“发展超低能耗、近零能耗建筑”的肯定或鼓励的字样。按照工信部建材处的说法，这句话可以理解为是要明确支持发展被动房的另行说法。由于有了官方肯定和鼓励类的政策信息，加之官方实施的一系列试点案例和样板，引发了部分省市的行动计划。在省级层面，先进省份已经出台了不少具体的支持和鼓励政策。比如最直接的就是资金补助政策了，各个地方根据国家的政策引导，先后出台了一些数额不等的资金补助政策。

由于各地主管部门对被动房的认识差别较大，因此政策支持的力度也千差万别。全国有近一半的省份开始了行动，也还有一半左右似乎还无动于衷。我们相信，随着时间的推移，那些毫无动静的省份也会迅速行动起来。

办法：制定具体激励政策。

记　者：我曾经采访过德国弗莱被动式建筑设计公司驻中国代理区的市场总监王甲坤女士。她告诉我，在德国，弗莱政府强行推行被动房，而且政府给市民的补助还相当可观，您怎么看待这个事？

崔源声：考察欧洲各国走过的道路，发现一开始他们都对被动式建筑给予很大的政策支持，不但在口头上支持，更重要的是一系列政策上的支持，比如免税和资金补助等务实政策。国内目前的情况是，除了国家的第一批试点项目外，其他后续项目，大多是口头上的支持，具体的政策措施没有看到有多少。在各个省级层面，就给予最大的支持力度而言，大家一致认为山东省的力度最大。山东省对被动式建筑的公共示范项目给予了每平方米上千元的补助，然而对于民营项目，还没有看到任何实质性的资金支持。

除了定性的鼓励发展政策外，在项目审批、土地供应、信贷、税收、教育和培训、宣传和引导、城市规划、验收、施工、设计、标准制定、节能奖励、面积核算和销售等一系列环节上，各地方政府还缺少具体的强有力的政策支持措施。根据发达国家的经验，任何新技术的推广，没有政府的强力推动和政策支持，仅靠民间和市场的力量，进展都是十分缓慢的。

记　者：中国被动房事业的兴起，其“核心武器”是什么？

崔源声：总体上要归功于住房城乡建设部的正确决策。到 2015 年 8 月为止，全国列入官方项目计划的被动房项目已经有 40 多个。没有列入官方计划的类似项目，估计也有几十个。这些项目遍及全国几乎一半的省份，各种类型的建筑都涉及了，也几乎涵盖了各种气候区域。

在秦皇岛首家本土化被动房示范项目成功的基础上，河北省在住房城乡建设部和德国专家的支持下，于 2014 年 5 月 1 日，编制和出台了河北省被动房地方设计标准，这也是中国首个被动房设计标准。该标准的正式颁布，标志着中国被动房的建设已经从示范时期开始走向市场和商业化阶段。随之，黑龙江省、山东省也将初步完成地方设计标准的编制工作。

中国被动房本土化从秦皇岛、哈尔滨和潍坊开始，持续扩展到山东的青岛中德生态园，以及湖南株洲、福建南安和青海的海东市等。据说后几个项目将在 2017 ~2018 年内陆续完成。

记　者：在住房城乡建设部、国家发改委、财政部等部委的引领下，民间的动作又是如何呢？

崔源声：除了官方主导的示范项目外，民间开发的几个典型项目，包括浙江湖州的布鲁克酒店、新疆的幸福堡、河北涿州的新华幕墙、山东的大象房屋，以及南通三建、河北建筑设计院的科研楼等。据说前几个项目都拿到了 PHI 认证。

其他一些民间或半官方的项目也在陆续启动之中，如德州永远集团、唐山东宸绿建公司的项目等。在 2015 年和 2016 年里，山东省的 11 个官方资助的项目全面开工建设，河北省也在十几个地市全面推广被动房的建设工作。由于有了地方标准，被动房商业化和市场化已成大势所趋。我们可以看到，国内走在前面的地区和省份，都是政府的政策支持起到了关键性的作用。如同发达国家一样，从政策支持层面走向立法强制执行层面，中国也必将迎来这一天。

记　者：对政府相关部门，您有何建议？

崔源声：建议政府有关部门加大制定推广被动房激励政策的力度。到目前为止，我们所看到的只是有部分官员的讲话表示支持，还有就是部委层面的官方文件里出现认可或肯定的字样，还没有比较系统或完整的政策支持出台。

在国家层面的示范项目引领下，部分先进省份出台了一些鼓励政策，包括资金支持的补助政策，有些实际行动。特别是山东省，业界一致认为是对被动式建筑发展支持力度最大的省份。考察其原因，除了其自身的认识比较高以外，与中央政府及德国政府在青岛合作共建生态园项目有很大关系。该项目不但两国总理出席了在人民大会堂的签约仪式，还把被动式建筑作为生态园合作的核心内容给予大力推进。

所谓政府支持或激励政策，一般对于新兴产业来说，各国都是一贯地给予政策支持的做法。也就是说，凡是代表未来发展方向的更新换代产品或技术，政府都应采取鼓励先进、抑制或淘汰落后的政策。

比如为鼓励建筑节能产品，对传统耗能建筑施加高税收，对被动房等节能建筑，实施免税或减税政策，等到新兴产业发展壮大后，适时退出资助政策。对落后产能的抑制方面，包括提高传统能源的资源税，增加环境税或生态税等。通过鼓励先进和抑制落后，扶植新兴产业走向主导地位。

如果先进的东西不能尽快普及和推广，说明政府的政策还没有到位，需要加大力度。

和发达国家的快速进展比较，我国政府主管部门的政策还有很大差距，官方的支持态度还比较模糊，导致各个省份的政策参差不齐，还有很多省份是一片空白，与时代的反差比较大。

采访感言

坚定信念　勇往直前

■ 张 华

我国被动房产业的发展，在初期会有种种困难。万事开头难，这是符合事物发展规律的。只要我们摆正心态，认真把握事物发展规律，坚定信念，勇于坚守，勇往直前，就没有战胜不了的困难，定能赢得最后的胜利。

人生也是如此，无论遇到什么样的不测风云、天灾人祸等，都要坦然面对、荣辱不惊，树立良好的心态，认真、客观、冷静地思考分析一下问题的缘由，重新策划制定新的战略布局，没有过不去的坎儿。人们常说："只有想不到的事，没有办不成的事。"犹如中国被动式集成建筑材料产业联盟主席崔源声，总是十分理性地去分析、思考、解决问题。

人是靠精神力量的支撑而生存的，如果失去了精神信念，就犹如老舍笔下的骆驼祥子，因虎妞难产而死，祥子就破罐破摔，卖车停止工作，不想再生活下去了。人活着就是一种信念，假如信念没有了，人的精神就崩溃了。人的不屈不挠、战胜自我的精神来自内心强大的信念支持，如果人没有了自我奋斗、自强不息、战胜困难的精神，那么他就等于失去了信念，画了一个圈，又回到了起点，一切清零，从头再来。

人有时还得有点精神追求，不断自我鞭策，不断自我挑战，明白"天将降大任于斯人也，必先苦其心志，劳其筋骨，饿其体肤，空乏其身，行拂乱其所为，所以动心忍性，曾益其所不能"，方可成就大业，活出精彩的人生。

人生是自己与自己战斗的一个过程，敌人是自己，需要不断地一次次战胜自我、超越自我，才能笑到最后。

2008 年，在四川汶川大地震中，被埋在废墟下 100 多个小时的被困者，部分人有幸被救了出来。之后，他们告诉记者，在生命垂危那一瞬间，只有一个信念，那就是："我要活下去！"有顽强信念的人，创造了一个又一个生命奇迹，无不让人钦佩、点赞。被动房产业发展遇到的困难与这些大灾大难相比是多么的微不足道，更何况，我们国家还有一系列节能环保政策为被动房产业发展作支撑。

但丁说："生活中没有信念的人，犹如一个没有罗盘的水手，在浩瀚的大海里随波逐流。”从微观上看，理想信念可以影响一个人干事业的精神状态；从宏观上看，则关乎一个政党、民族和国家的凝聚力和向心力。为此，被动房开发建设者一定要树立伟大的信念，勇往直前，像我国高铁那般屹立在世界东方，让全世界人民仰慕。

中国被动房时代，是中国建筑史上一个新的里程碑。特别是当今世界受全球环境污染的影响，人们多么渴望“天蓝蓝，水蓝蓝”，原生态复苏，回归大自然。

在供给侧改革的新时代，绿色节能建筑建材发展刻不容缓。当前，我国已进入全面建成小康社会、实现中华民族伟大复兴的关键时期，坚定理想信念对于每一个公民都是义不容辞的责任。

行业花絮

2018 雄安装配式被动房展会召开

本报讯（记者张华报道）《建筑产业现代化发展纲要》要求，到 2020 年，我国装配式建筑占新建建筑的比例达到 20% 以上，到 2025 年，装配式建筑占新建建筑的比例达到 50% 以上。为此，2018 年 4 月 18～20 日，由中国建筑材料流通协会雄安开发委员会、河北建设机械协会、德维斯国际展览（北京）有限公司等单位，在雄安新区雄县包装城广场举办了“2018 雄安装配式建筑及智慧工地装备展览会”。标志着雄安新区走进绿色节能新建筑新时代，迈向新征程！

随着建筑工业化时代的到来，装配式建筑一时间成了业内强烈关注的焦点。装配式建筑具有提高生产效率、降低成本、减少排放、节约能源、保护生态环境等优势，此次展会为助力绿色雄安新区建设，给装配式建筑行业供需双方搭建一个高端商贸交流平台。重点展出装配式建筑样板房、装配式建筑成果（示范）工程、低碳环保住宅集成技术和成果、EPC 工程总包、装配式建筑设计、装配式建筑配套产品、绿色建材、智慧工地装备、建筑工程机械等新技术和新装备等。

住房城乡建设部原总工程师姚兵、中国被动式集成建筑材料产业联盟主席崔源声等领导做了重要讲话，姚兵指出：党的十九大再次重点提出坚持绿色发展理念，推动生态文明建设。绿色建筑、建材也再次被强调为城乡建设的重大课题。我国工业、建筑、建材、交通和生活等节能产业中，建筑、建材节能被视为热度最高的领域，是减轻环境污染、改善城市环境质量的一项最直接、最廉价的措施之一。于是，发展装配式建筑被动房势在必行，迫在眉睫。

据了解：这次展会由来自全国各地近 200 家建筑、建材、设计、制造等企业参展，各大建筑施工单位、工程公司、房地产商、建筑设计院、经销代理商等业界专家、教授、权威人士参加交流。展会同期举办装配式建筑产业发展论坛、建筑与光伏国际合作研讨会、停车设备设施投资建设高峰论坛等重要活动。建筑、建材行业的领导、权威专家、教授将到会讲话致辞。

主办方负责人曹先贵告诉记者，这次展会的目的意义是按照党中央要求，以新发展理念为引领，高标准、高质量组织规划好展会，达到规模一流、质量一流、技术一流、产品一流等，科学规划展出空间布局、功能定位，引领行业发展，探索雄安新区扎根绿色节能新建筑、新建材、新规划、新理念、新气象的一次实践；以十九大精神为动力，全面提高资源配置，建立新的平台高地，争取形成建筑、建材展会品牌，通过这次展会，打造贯彻落实新发展、新理念、新思想的新示范区，为美丽雄安新区建设谱写最美丽的新篇。

第三篇

崔源声

中国建材报

被动房发展中的瓶颈与突破（下）

——访中国被动式集成建筑材料产业联盟主席

坚守与挑战

访谈录 — 崔源声

被动房发展中的瓶颈与突破（下）

——访中国被动式集成建筑材料产业联盟主席崔源声

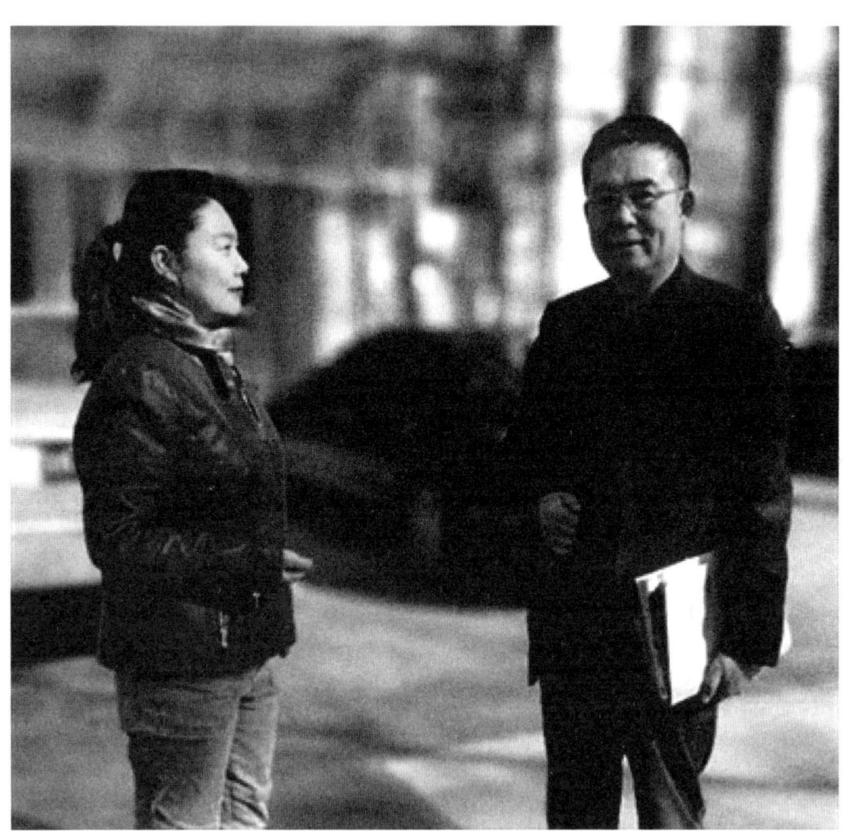

记者与崔源声（右）在交流

■本报记者 张 华

2月15日，被动房专版邀请了国家建筑材料工业技术情报研究所（以下简称情报所）首席专家、中国被动式集成建筑材料产业联盟（以下简称被动房联盟）主席崔源声，就我国“十二五”期间推广普及被动房存在的种种障碍以及被动房在中国未来的发展建议和解决方案等相关话题进行了深度访谈。今天报道下期内容。

技术障碍

记　者：最近几年，我也走访了一些被动房的示范工程。我发现，这些工程在技术层面，一是靠德国专家指导，二是靠自己摸索创新。被动房与普通房的技术原理相比，是不是非常复杂？

崔源声：这就是我常说的“技术障碍”问题，并不是说被动房的技术有多么高深，而是因为它对我国绝大多数人来说还不是太熟悉的缘故。如果都熟悉了，并不存在不可逾越的技术门槛。比如说设计技术，只是国内的设计院以前没有干过这样的设计而已，如果跟着德国同行干过几次，慢慢地就学会了。施工技术也是如此，通过施工培训，也会逐步掌握被动房的施工技能。至于材料科学与技术，只是在材料的规格、尺寸和性能等方面的指标要求不同而已，实际上任何材料种类只要实现终产品的性能达到被动房的要求，都是可以用来建设被动房的，没有什么问题。当然，要达到非常高的性价比也是有技术门槛的，如果要求不高，即便是像古老的窑洞，也可以成为天然的被动房。还有新风系统，这些基本设施国内的产品已经具备供应能力。

总体上看，所谓的技术障碍主要在于两个方面：一是普通大众或业界对被动房基本上都没有经历过，没干过，如果大家都行动起来，干过几次，也就会了；二是如果说真正的技术含量，那就是搞出性能既好于普通的房屋，而价格又不高于普通房屋的被动房，也就是物美价廉的被动房产品。从这一点上看，要达到是不容易的，恐怕是真正的技术障碍了。

在未来被动房大面积推广之际，预计土壤源热泵会有较好的前途，包括深层或浅层地热的利用。下一步业界将会在可再生能源的发电和储存装备方面有进一步的技术开发，这样做的目的是配合被动房的深入普及和推广，为第二代（Passive House Plus）和第三代被动房（Passive House Premium）技术推广做准备。同时，我们要开发本土化和本地化的技术产品，包括高性能隔热保温材料，特别是结构自保温材料，还要在成本上大幅度下降，使市场可以承受，这些都存在一些技术上的障碍。除了材料技术以外，建筑结构技术也是需要同步研发的关键问题。只有建筑材料和建筑结构的巧妙配合，才会有效实现被动房的隔热保温功能与成本优化。此外，还有新能源技术的配套发展问题，包括光伏、光热与建筑的一体化，以及地热或其他可再生能源的存储、在被动房上的高效利用等技术，都需要业界加大投入和开发力度，也需要政府主管部门加大政策支持力度。

记　者：被动房在我国的发展与西方发达国家相比，最明显的差距是什么？

崔源声：根据人类文明社会的发展历程和经验，一般说来，发达国家的今天，就是发展中国家的明天。欧洲和美洲被动房事业的发展现状表明，欧洲起步比较早。由德国主导的世界被动房大会，从 2017 年开始将举办第 21 届世界被动房大会，而美洲今年举办的是第 12 届美洲被动房大会。仅从时间上看，美洲已经晚于欧洲 10 年左右。我国建筑和建材行业的官方科研机构与社团组织，从 2014 年开始举办全国性的大规模技术交流与推广活动。到目前为止，已经是第 4 年了，从时间上看要比欧美国家起步晚 10 ~ 20 年。

办法：加大教育培训力度。

记　者：根据以上情况，您认为解决被动房技术障碍最快最有力的办法是什么？

崔源声：要有针对性地开展教育和培训工作。全国上下要想有效地推进被动房事业发展，那么各建筑、建材、设计和施工等领域就要开展各种各样丰富多彩的教育和培训活动。被动房事业是一项系统工程，是一套全新的理念和知识系统，在没有德国专家的技术支持和协作下，以前国内还无法进行设计和施工；材料也不配套，无论是传统材料的尺寸规格，还是性能和种类，都不能很好地满足被动房的要求；各方面的工作都需要从头开始，因此教育和培训必然是首要任务。

2015 年底，被动房联盟把德国的华人设计师请来，专门进行一周的基础理论和施工技术培训。继秦皇岛示范项目之后，建材系统已经开始结合国内需求，开展了一系列的从科普到职业教育等范围的各种类型的培训工作，包括把国外专家请进来，也有海外华人专家前来参与教学活动的。这些活动还是针对少部分专业人士，离广大受众接受被动房专业或科普知识培训还有非常遥远的距离。但是，培养的这些专业人才，他们会把相关知识和技能带回去，在其所在地区生根开花，进一步普及到基层的广大从业人员或社会各界人士。

住房城乡建设部科技推广中心在这方面做了大量的工作，他们举办了一系列的研讨会和培训班，包括住博会的展览活动。自 2014 年以来，情报所在建材行业开展的配合行动，包括牵头组建了被动房联盟、连续举办多次全国性的技术交流和培训活动以及国际性的交流和培训活动。

作为建材行业的技术情报研究机构，组织行业专家和企业编制《中国被动房选材指南》是一项对行业具有重要指导意义的工作，相信我们和国际上发展的大趋势会一致的。当人们真正认识到被动式建筑的重要意义之后，建设和分享被动房的事业将是不可阻挡的建筑业发展的大趋势。

材料障碍

记　者：在被动房开发建设层面，除了建筑设计，就是建筑材料的生产、供应、装备等关键性问题。请您谈谈这方面的具体情况。

崔源声：这是关键性的问题，也就是我正要说的材料障碍问题，装备主要指的是配套于被动房的新风系统和新能源系统。由于被动房的最高节能标准是按照德国的90%以上节能标准设定的，那么剩余的约10%的能量补充就需要利用可再生能源来承担。如果有了高效的储能和发电设备，比如说正在开发的石墨储能材料和装置，若每个家庭或小区配置一套，就可以实现全天候对被动房的能量供应，不但包括供暖和制冷的能量，还可以包括照明、洗澡和做饭的能源供应，真正实现对传统能源的零消耗，以及对温室气体零排放的建筑，可以直接进入第二代（也叫近零能耗建筑）和第三代被动房（也叫产能房）的时代。

目前，这些技术装备都在紧锣密鼓地开发之中，国际上个别示范案例已经出台，国家在“十三五”也有布局，相信在不久的将来，一定会给我们带来福音。这些装备不但可以满足被动房的多余能量需求，甚至对于一些不能达到90%以上节能标准的被动房（譬如对75%或80%节能标准的被动房，补充其余下25%或20%的能量空缺）起到补充能量，进而降低造价的效果。如此一来，被动房的操作空间和范围将大大拓展。这就是说，只要我们能够充分获得低廉的清洁能量，在材料科学技术水平或财力还达不到建设高水平被动房时，也没有必要非要把被动房的节能标准设定在90%以上。被动房实现的手段是多途径的，空间是广阔的。

记　者：从我国第一批被动房示范项目来看，大家共同的问题就是保温材料问题，您对此是如何看的?

崔源声：从总体上看，现有被动房的最大忧虑之处还是其外保温材料的问题。除了一再发生的火灾让人心有余悸外，这些材料的长期耐久性问题，也是业界无法放心的一个难点问题。我国的被动房建设和发达国家相比还是有不少特点的，譬如层高问题，多户合住等问题，这些中国特色附带的问题给墙体保温隔热材料的选择带来了不少麻烦。发达国家的住宅大多数都是2～3层的别墅，外保温或隔热材料的高度或重量比较小，因此在耐久性方面比较有优势。我国尽管对保温材料进行了一些改进，比如夹心式布置、防火改性等措施，起到了一定的效果，但是，还不能从根本上解决长期安全和耐久性问题。

办法：研发生产高端化产品。

记　者：根据以上问题，您有何建议或解决方案?

崔源声：我们要研究生产高端化产品，包括开发结构自保温材料，研发更加防火或耐久性更好的保温材料，包括与建筑同寿命的保温与隔热材料。比如，性价比更高的泡沫玻璃和泡沫陶瓷等产品，需要引起行业重视。此外，结构自保温材料，比较有前景的，诸如高强烧结陶粒混凝土，还有可以在低层被动房上应用的高质量的加气混凝土制品，也包括国家目前鼓励发展的木质建材与建筑结构制品，以及为农村地区开发的低成本秸秆建材被动房等，都是可以考虑的具有潜在竞争力和前景的技术产品与技术路线。有关被动房的新风系统和新能源配套系统，将来都有许多新的装备需要进一步开发，市场十分广阔。

同时，我们还应扩大国际交流与合作。被动房作为新一代或下一代建筑，在欧洲已经发展了几十年，目前已经陆续进入依法强制推广的成熟阶段。而被动房引进我国并开始示范和建设，也就是近几年的事，还只是刚刚开始。我们还有许多不熟悉的东西，一切都要从头学起。因此，引进、消化、吸收和再创新，一直是我们需要遵循的成功经验。只有继续加大国际交流和合作，实施与巨人同行的发展战略，才能最终站在巨人的肩膀上，才会后来居上，加快我们的前进步伐。

成本障碍

记　者：从发达国家的经验看，被动房可以做到和普通的住宅成本一样，平均成本是高于普通住宅 3%~8%。而我国目前的被动房示范项目，一般成本都要高于普通住宅 20%~30%，有的甚至更高，这其中存在着怎样的问题？

崔源声：这是因为我们以前什么都没有经历过，一切都要从头学习，很多费用并不是建造本身的成本，多数都是学习的成本蕴涵其中了。仅就技术而言，初次投资成本较高，加之示范项目都是单个建筑或面积比较小，因此分摊的新风系统诸如土壤源热泵系统等费用较高，包括新型门窗系统等，影响了这项技术的广泛应用。成本障碍似乎是目前国内被动房推广的最大障碍。当向人们介绍被动房的好处时，大家都认为不错。一问价格，除了少数人认为这是下一代产品应该贵点外，多数人都感觉到比较贵，要想推广到低收入的广大农村地区，就更不容易了。

实际上，和以往任何产品一样，新东西出来，一开始都是价格比较贵的，都不是大众消费的产品。而随着规模化和专业化的推进，以及老产品的不断淘汰，新产品最终会走入千家万户。这些都需要一个过程，被动房也一样，好的东西，一开始都是贵的。在谈论被动房成本高低的时候，我们不但要考虑到它的一次性投资成本问题，而且也要考虑到它的运营成本问题。如果是算短期账，似乎觉得贵，但是要算长期账，就不那么贵了，而且还更便宜。

就个人投资买房而言，虽然一次性投资比较高，但是过了 10 年或 20 年以后，节省下来的采暖或制冷费用就收回来了。住房产品是 70 年产权，去了前 20 年的投资回收期（假如投资回收期是 20 年），后 50 年就年年赚钱了。买房时多花一笔投资，相当于一笔定期存款，从第 21 年开始，就会实现存本取息的目的了。一开始多花点钱，实际上是在为自己投资，今后若干年每年都会有收益，年年挣钱的事，大家都愿意干。所以说，算长期账，被动房的成本并不高，也不贵，开始的成本高一点不是障碍。如果把它当作障碍，那只能说是人们的认识出问题了。

这样的认识问题，在秦皇岛的示范项目销售过程中已经得到了很好的验证。当人们真正认识到长期收益大的道理之后，大家都争先恐后地去买被动房，而不是去买暂时更便宜的普通建筑。除了对个人或集体（取消市政供暖投资）长期经济效益好以外，被动房对居住者身心健康的好处，以及对国家节能减排的巨大贡献等环境和社会效益，就不一一细算了。

办法：全民参与形成气候。

记　者：被动房是一个大系统工程，几乎涉及建筑产业链的各个环节。您认为建筑、建材、设计、研究等部门应该怎样密切配合、齐心协力，共同促进被动房产业的发展呢？另外，被动房离我们老百姓究竟还有多远的距离，何时才能真正走进千家万户？

崔源声：自从 2013 年 1 月我国自己建设的第一座被动房通过住房城乡建设部和德国能源署组织的专家验收之后，建材行业的领导和专家就到现场进行了参观和学习，最后得出的结论是：被动房属于未来建筑，是下一代建筑，我国建材工业今后的发展方向，就是要以建筑业为导向，要紧密配合被动房事业进行。为此，由国家建筑材料工业技术情报研究所牵头，分别于 2014 年 4 月和 6 月，在秦皇岛和天津组织召开了两次我国建材行业的被动房技术交流大会，并成立了中国被动式集成建筑材料产业联盟，这是国内第一家成立的有关被动房的跨行业的产业联盟。联盟的成立，有力地配合了住房城乡建设部的推进计划，为被动房的本土化和本地化进程提供了强有力的行业协同支持。

此外，联盟标准化委员会也于 2015 年组建成立。建材行业配合建设部门的被动房国产化行动，也是吸取了住宅产业化单边行动的经验教训之举。住宅产业化项目此前也是由住房城乡建设部牵头，已经推广了十多年，步履艰难。除了其他原因外，没有上游建材部门的全力配合和支持也是其中增长乏力的重要原因。因为一切建筑都是由材料构成的，没有建材的预制化和部品化，哪里会有装配式住宅呢？许多业界人士缺乏这些基本常识，不懂得巧妇难为无米之炊的道理。如果把建筑师比喻是“巧妇”，那么建筑材料就是“米”，没有提供建筑材料的“制米行业”，建筑岂不成了无米之炊？如此等等，被动房行业是一个大系统工程，缺少哪个环节都是不成宴席的。

可喜的是，2015 年和 2016 年，建材和建筑部门都组织了一个庞大的代表团，到德国参加第 19 届和第 20 届世界被动房大会。加上以个人或单位派出的中方代表，使得这两年的世界被动房大会的中国代表人数已经超过百人，2016 年已经达到 150 多人。主办方为了关照中国代表的需求，特意专门为中国代表配备了大会中文同声传译，还举办中国之夜联谊晚会等活动，突显出我国在被动房领域的国际地位已经提升。

2017 年，世界被动房大会将第一次离开德国本土，到世界音乐名城维也纳召开。我国的被动房行业精英和企业家们正在跃跃欲试、秣马厉兵，积极准备到国际舞台上寻找新的商机，为世界被动房事业展现中国制造的力量。

我们坚信，通过学习和不断进取，我国被动房事业赶超世界先进水平一定会实现，被动房的明天一定会更加美好！

采访感言

坚守与挑战

■ 张 华

“十二五”期间，面对严重的环境污染、经济下行等压力，一些时代先锋勇于挑战、敢于作为，大胆选择了被动式超低能耗建筑，成功扎实地完成了被动房的示范工程，奔跑在我国建筑工业化的前列。

作为我国第一批被动房的领航者，他们选择的是一次风险，还有坚守与挑战。大家共同面临的危机，就是建筑施工与新型建材的质量问题，以及被动房的技术功能问题。他们要在德国被动房的基础上，创造出适合中国人和谐宜居生活方式的被动房。可想而知，这是一项多么艰难而又具有挑战性的任务！

中国第一批被动房领航者的创造精神，就像大海中的灯塔，引导着被动房普及推广。

关于中国被动房领航者以及其他领域的企业家如何担当社会责任、如何在市场经济中脱颖而出的问题，是一个值得探讨的话题。现在各行各业，包括房地产、建筑建材等领域都在跨界经营，挑战不可能。但无论干什么行业，都要遵循人类社会可持续发展的方向与趋势。被动房产业节能环保、远离雾霾，符合循环经济发展，顺天意、合民心。为此，发展被动房，乃是时代的呼唤、历史的选择，是人类抗雾霾的最佳选择之一。

作为一个中国人、中国企业家，都应该有一个共同的情愫，那就是同仇敌忾向雾霾宣战，做一位热爱大自然的探险者，以捍卫蓝天为己任。如果没有了绿色，没有了蓝天，要经济有何用？应该向中国第一批被动房领航者学习，敢于挑战不可能，勇于坚守绿色。

“消灭雾霾”是人类共同的声音，也是当今优秀企业家及杰出人物发出的时代最强音。南通三建总裁周炳高说：“2013 年，我们在南通率先开启被动房产业园区，当时很多人反对，认为这是在冒风险。我当时却坚定地说，南通三建就是要引领、挑战不可能。”

挑战就是敢于站出来、敢于向社会亮剑，公开接受人民群众的监督，承担一切社会责任。当今中国企业进入“整合与共赢”的时代，作为中国市场经济的拓荒者和实践者，企业家接受着挑战，也肩负着发展、融合与创新的责任。坚守对未知的挑战，是现代企业管理者的最高境界。

关于现代企业管理制度，哈佛商学院的理论是：成功 = 胆识（50%）+ 领导人格魅力（35%）+ 专业技能（15%）。专业技能放在第三，而且只占 15%。一是胆识。一个英勇善战的团队，敢于冒险，能够迅速有效地确定目标和方向。二是领导力的品格魅力。一个真正有品德、品格、品行、品质的人，可以影响周边的人和企业，影响世界。三是专业精神。一个人如果在某个领域很专业，应该继续思考能否在世界上体现出专业的能量。

我国的房地产业，在走过最初的“野蛮式增长”之后，现在必然要进入规范与理性的发展轨道，地产企业已呈现“梯次转移”现象，向养老、特色小镇等产业进军。被动房如空降兵般地融入这个大军之中，对被动房开发者而言是机遇也是挑战。相信他们无论遇到再大问题，只要树立坚定的信念，勇往直前，敢于挑战，勇于坚守，就没有战胜不了的困难。

行业花絮

羲皇圣里开启被动房产业园

本报讯（记者张华报道）由中材（北京）建筑节能科技有限公司（以下简称中材建筑节能）、中国民族建筑研究会建筑节能专委会、新乐市人民政府等单位联合开发的“中材·新乐装配式被动房绿色产业园”（以下简称产业园），近日，在羲皇圣里——河北省新乐市经济开发区全面启动，标志着中国装配式被动房新时代新里程碑到来！

据了解，产业园占地约 1250 亩，分为生产加工、研究开发、展示应用等三个基地，其中，生产加工基地主要用于装配式被动房建筑材料生产加工、批发供应、测检验收等；研究开发基地是中材先进建筑技术联合研究院、园区产业金融中心、园区建筑能耗大数据中心、中国装配式建筑委员会河北分会、中材被动房产业联盟等单位办公场所，形成以市场服务、产业教育、建筑技术国际合作、众创等网络平台；展示应用基地重点展览展示体验装配式被动房的功能与作用。

据中材建筑节能总经理张振兴介绍，中材建筑节能是国务院国资委直属央企中国建材集团有限公司旗下中材节能的成员企业，目前主要经营被动式超低能耗建筑，业务涵盖产业投资、规划设计、建设施工、材料研发与制造等内容，以技术和产业投资两条线推动被动房在中国的发展。中材建筑节能经过一段时期的扎实调研、谨慎判断，选择在新乐市建设第一个被动式建筑全产业链生产、研发、服务基地，这也是中国第一家以装配式被动房建筑为核心的产业基地。产业园采用“建园招商同步走”的模式，本项目建设与园区企业导入同时落地，即中材建筑节能前期将一次性带入 5 ~ 10 家建筑节能材料、设备生产厂商。园区保证整体项目的开发建设在四年内完成。产业园扎根河北，引领全国及海内外建筑、建材深度转型升级换代。通过产业园的建设，探索建筑节能产业开发和运营的新模式、新路径，建立行业创新新高地，竖起河北省装配式被动房建筑应用示范基地新旗帜，为我国大面积普及推广应用被动房打好新战略、新定位！

原中国建筑节能协会会长郑坤生参观调研后说，产业园新理念、新思路符合十九大精神理念。通过产业园建设发展可以对能源和资源进行有效的节约和控制，来减少对环境产生的污染。装配式被动房即使建筑物做到冬暖夏凉，又可以节约能源，唤起民众节能环保意识，引领行业发展，一幢幢贴近大自然的装配式被动房绿色节能建筑将领航世界，带动地域经济，保护人类赖以生存的和谐环境，这是一个新举措、新起点、新征程，望大家发挥巨大优势，抢占商机，共铸辉煌，为人类精神文明发展再续新篇章。

原住房城乡建设部总工程师姚兵参观考察后建言：一、重视项目。要牢固树立“磨刀不误砍柴工”的意识，把重大项目作为头等大事来抓，结合十九大精神认真研究政策，准确把握重大项目开发建设的要领工作，走在时代前列；二、重视城乡一体化建设。城乡一体化建设是把城市和农村作为一个有机整体，促进城乡生产要素平等交换和公共资源均衡配置、推动城乡统筹协调和共同发展之路；三、重视企业家。企业家精神是经济发展的关键因素，为企业家提供良好的生态社会环境，企业家才能发挥创新意识激活市场主体，推动经济焕发新动力。

中科建集团、迈瑞司住宅产业化集团、河北新华幕墙有限公司、河北远大钢结构科技有限公司等 8 家企业前来参与合作调研。

第四篇

张小玲

中国建材报

被动房面临的机遇与挑战

江苏深入发展被动式超低能耗建筑

南通三建成为领跑者

抓住机遇

访谈录—张小玲

被动房面临的机遇与挑战

张小玲在发言

■本报记者　张　华

金秋十月，第四届中德合作被动式低能耗建筑技术交流研讨会上，住房和城乡建设部科技与产业化发展中心（以下简称住建部科技中心）国际合作交流处处长张小玲做了题为“中国发展被动式低能耗房屋面临的机遇与挑战”的报告。报告就中国被动式建筑房屋的现状以及存在的问题和解决办法等作了全面的分析，在业内引起强烈反响。

规模化发展

张小玲表示，目前住建部科技中心参与技术支持的被动房项目有 40 个单位的 152 栋示范建筑，总建筑面积达 50 万 m^2。其中与德国能源署合作的有 30 多个项目 147 栋示范建筑，总建筑面积达 38 万 m^2。建筑类型分别有住宅、工业厂房、办公楼、幼儿园、教学楼、纪念馆、学生宿舍等。

目前，被动房涉及的地区包括河北、山东、辽宁、青海等 15 个省市，河北、山东已经在全省范围内进行被动房的开发建设。河北省按被动房标准建造的房屋工程，已竣工 10 多万 m^2，在建 4 万 m^2，累计完成设计 18 万 m^2。山东省累计 32 个被动房项目，总计建筑面积 28 万 m^2。张家口蓝盾房地产开发有限公司将在张家口开发建设 8 万 m^2 的“紫金湾被动式低能耗住宅小区”，涿州华成房地产开发公司将在涿州开发建设 11 万 m^2 的住宅小区。

江苏省已经出现了较大规模的区域性建设。其中，江苏南通三建集团有限公司在江苏省海门市将要开发 20 万 m^2 的“被动式超低能耗绿色科技创业园”，目前已有建筑面积 6758m^2 的“江苏南通三建研发中心”圆满竣工，并且获得了住建部科技中心和德国能源署联合颁发的被动式房屋质量标识。

此外，山东青岛、河北保定、江苏海门等地相继出台了被动式房屋的激励政策。截至目前，德国能源署与住建部科技中心已经给 9 个项目颁发了被动式房屋质量标识。

标准化体系

张小玲说，目前国家标准图集——《被动式低能耗建筑——严寒和寒冷地区居住建筑》送审稿已通过审核；河北省《被动式低能耗居住建筑节能设计标准》已出版发行；黑龙江省《被动式低能耗居住建筑节能设计标准》已经完成征求意见稿；山东青岛市的《被动式低能耗建筑节能设计导则》已完成审报稿件。

北京市住房和城乡建设委员会、北京市规划和国土资源管理委员会、北京市发展和改革委员会和北京市财政局等单位，于 2016 年 10 月 9 日联合下发了《北京市推动超低能耗建筑发展行动计划（2016～2018 年）》的通知（以下简称《通知》)。《通知》提出，北京市 3 年内建设不少于 30 万 m^2 的超低能耗示范建筑，建造标准达到国内同类建筑领先水平。《通知》明确指出，对政府投资的项目，增量投资由政府资金承担；社会投资的项目由市级财政给予一定的奖励资金，被认定为第一年度的示范项目，资金奖励标准为 1000 元 /m^2，且单个项目不超过 3000 万元；第二年度的示范项目，资金奖励标准为

800 元 /m^2，且单个项目不超过 2500 万元；第三年度的示范项目，资金奖励标准为 600 元 /m^2，且单个项目不超过 2000 万元。

《通知》的推出，对于开发商、投资商、地方政府以及广大老百姓来说是件非常好的事情，创造了极大的经济发展空间和商业机会，对广大的建筑、建材供应商来说，也是一次很好的商机。未来，广大普通市民购买被动房，已指日可待。

利国利民利企业

开发建设被动房符合老百姓的切身利益，将使人们的居住环境健康舒适，使人们不受雾霾影响、减少能源支出、节省采暖空调费用、减少疾病，等等。

开发建设被动房符合开发商的利益，即绿色节能建筑、建材的普遍应用，将引领绿色住宅升级换代，推动绿色建材供给侧改革，使企业获得更大利润。

开发建设被动房符合国家的利益，即新型绿色建材性能优越，产品得到深度普及，践行了绿色发展理念，保护了资源和能源，唤起了民众的节能环保意识，改变经济增长方式，从节能减排上获得经济利益。

开发建设被动房符合当地政府的利益，即对基础设施建设的投入成本得到了有力控制，减少了采暖、制冷设备等原料的供应及运输流通问题，减少了保证居民冬季采暖所带来的维护费用，使社会运营成本大大降低。

开发建设被动房符合社会环境效益，即减排温室气体、减少城市热岛效应、减少空气污染源、远离雾霾等。

开发建设被动房符合建筑工业化发展的理念，即建筑工业更加高质、节约、长寿、艺术，是我国建筑工业更新换代发展的必然之路，是推动建筑工业化进入新时代的引擎。

开发建设被动房符合建材工业发展的战略意义，即新型建材更加节能、环保、绿色，大力推动了建材市场向前发展的步伐。

开发建设被动房符合家庭主妇的愿望，即室内无灰尘，空气清新，减少家务劳动，节约家庭维护成本。

开发建设被动房符合民族的利益，即建造出可用几代人的房屋，把能源和资源留给后代。

问题与隐患

张小玲指出，被动房虽然在我国大面积推广应用，但仍然存在一些问题：

（1）机械照搬照抄德国标准。主要表现在两方面：一是盲目采用德国机构提供的门窗传热系数值；二是不顾气候条件的不同，直接采用德国被动房的外围护结构限值和能耗限值。

（2）过度采用相关技术与产品。被动式房屋是以室内环境和能耗双控指标下的能耗最终结果作为评判性指标，而不是以用了多少种多么高端的技术和产品为荣耀。恰恰相反，在达到同样结果的前提下，所用的技术越少越好，越适用越好，投入的资金越少越好。

（3）不能正确地使用产品。一个好的产品只有在用对了地方时，才能发挥作用。一些项目出现了错误选择产品与材料的情况，这种情况的出现与我国工程技术人员对材料和产品的性能不熟悉有关。因此，提高从业人员的整体素质，我们还有漫长的路要走。

（4）产品质量问题。有的开发商贪图便宜，使用质量性能较差的产品。譬如，低价低质的防水材料，根本无法满足房屋要求。国内有的小区的遮阳产品，一年以后的损坏率可达 80%。而被动房所用遮阳产品，要有调光功能和风雨感应功能，要有与建筑同样的使用寿命。

（5）还没有形成健康的技术供应体系。目前，我国的屋面防水系统、门窗系统和外墙外保温系统还没有形成全方位供应链体系。有些工程项目还是东拼西凑，哪个便宜用哪个，完全没有质量保证。

（6）细节问题不完善。譬如，外门、防水隔汽膜与透汽膜和关键配件不规范。

（7）生产厂商没有从行业发展角度考虑问题，没有考虑对社会环境的影响。譬如，塑料窗行业没有控制好配方，无法对材料进行回收。

（8）所用材料性能低劣。一些项目所用的外窗、保温材料及配件、防水材料性能低劣，同德国相比，材料寿命短、性能差，没有形成专业供应模式。

（9）粗放式施工设计错误对被动房质量带来致命影响。譬如，管道保温层的设计，国内工程普遍存在一个问题就是粗糙，做工不细致，缺乏工匠精神。

（10）如果按照我国现有规定以外墙外包线来计算建筑面积和容积率，现有房屋建筑面积和容积率计算方法将使房地产商望而却步。因被动房有比一般房屋高出 10～20cm 厚的保温层，用这一计算方法首先会给开发商造成容积率的损失，开发商不愿意。如果开发商还用这一规定计算建筑面积，那么房屋购买者将要多付出至少 3%～10% 的费用，去购买由多出的保温层构成的建筑面积。

（11）缺乏优秀的产业工人。我国许多建筑工程的工人以农民工为主，他们缺乏产业工人应有的技术保障和组织纪律性。

（12）社会诚信体系有待逐步完善。

市场前景

既有建筑节能房屋改造是下一步被动房发展的重中之重，建筑整体、独立单元均可按被动房的理念进行改造。按被动房标准改造后的房屋，用户可以自行决定室内环境。我国有 600 亿 m^2 既有建筑，有计划地对既有建筑进行被动房改造不但能提升百姓生活品质、拉动中国经济、减少建筑能耗并消除雾霾，还会极大地延长建筑物的使用寿命。

被动房在乡村住宅改造及特色小镇建设中具有广阔的市场前景。目前，我国广大农村地区的建筑性能相对比较落后，室内环境差，配套措施不全，能耗高，寿命短，一般只有 20～30 年的使用寿命。农户 20～30 年中就需要重新盖一次房子，很难实现财富的积累。按被动房的标准去建造农宅，最便宜的造价大概 3500 元 /m^2，比普通农房高出 1000～1500 元 /m^2。但被动房农宅会有长久的使用寿命，可以作为一笔财富代代流转下去。

采访感言

抓住机遇

■ 张 华

目前，从中央到地方都相继出台了一系列超低能耗节能建筑政策，被动房的战略发展已形成了规模化、标准化、市场化的格局，可谓政策利好，机会难得。

毋庸置疑，这对开发商、投资商、建筑建材领域的企业以及地方政府等，是个特别好的发展机会。对国家、对社会以及广大市民来说，也是个节能环保、减少污染、增加经济效益的大好事。希望全国人民行动起来，有钱出钱、有力出力，传播被动房之理念，增强全民环保意识，向雾霾宣战。

当务之急，我们应认真领会党中央、国务院关于超低能耗建筑的政策精神，统一思想认识，锐意改革创新，积极探索实践，努力当好全国被动式节能建筑发展的先行者、示范者、引领者。

被动房的建设发展承载着全国人民的期望，远离雾霾、捍卫蓝天、留住绿色是每一个国人的心声。被动房代表着人类文明发展的进步与荣耀，我们应不忘初心，砥砺奋进，牢牢抓住这一难得的历史机遇，向被动房进军。

在“十二五”被动房示范项目的基础上，望广大企业进一步改革创新、大胆探索、先行先试，着力解决被动式建筑、建材、设计等发展中的深层次矛盾难题，建立健全各项建设体系，努力构建适合中国人发展的被动房新高地，推动我国对外开放和经济转型升级之路。

各级政府、广大建筑建材企业应认清形势、抢抓机遇，争当全国被动式建筑发展的领航者，明确重点、找准载体，找到符合被动式超低能耗建筑综合发展之路。同时，也要打造出企业本身的盈利模式，使建筑建材全方位供应链发展，优化服务，为构建国内最优的被动房生态园区而奋斗。

全国大规模普及被动房产业建设，对我国建筑、建材工业化来说，既是一个响当当的金字招牌，也是一份沉甸甸的社会责任。犹如中国的高铁时代，我们也要让外国人羡慕中国的被动房时代。

我们要统一思想、凝聚共识，深刻认识被动式超低能耗建筑的伟大战略意义。她不仅关系到民生、健康，更重要的是改变经济增长方式，成为经济发展的制高点。建立建好被动房园区的深度融合发展战略，是落实“十三五”规划的重要目标与任务、是推进经济强增长建设的关键之举、是全球应对气候变化的新举措、是培育开放型经济优势的有力抓手。

我们一定要抢占商机，抓住发展机遇，把被动式超低能耗建筑示范工程引向更高层次。希望各企业、政府把握重点、突破难点，有章有序推进被动房的开发建设，把握被动式建筑质量速度的平衡发展，有力推动建筑、建材、住宅业的升级换代，加强被动式房屋的顶层设计，完善施工队伍、研发团队与建材供应链等的综合服务。

我们一定要努力整合优势，齐心协力、狠抓落实，积极有效地完成上下游新型材料体系建设，力促设计、施工、研发等三大创新体系，为推动被动房生态园区的全面发展，呈上一份完美的答卷。

行业花絮

第五届中德合作被动式低能耗建筑技术交流研讨会在京举行

张华　中国建材报　被动房时代 2017-10-20

本报讯（记者张华报道）由住房和城乡建设部科技与产业化发展中心与德国能源署共同举办的“第五届中德合作被动式低能耗建筑技术研讨会”10月11日在北京召开。来自全国管理、开发、设计、建设、检测单位、产品供应商及新闻媒体的200多名代表参加了会议。

此次会议的突出亮点是住房和城乡建设部科技与产业化发展中心发布了《中国被动式低能耗建筑年度发展研究报告（2017）》，这是对中国近10年来被动式低能耗建筑发展工作和技术进行系统梳理后，并集聚行业智慧总结的成果，将助力中国被动式低能耗建筑发展迈向新的台阶。同时，还公布了《被动式低能耗建筑产品选用目录》（第四批）以及《国家标准图 - 被动式低能耗建筑严寒和寒冷地区居住建筑》。

住房城乡建设部建筑节能与科技司副巡视员倪江波、住房和城乡建设部科技与产业化发展中心主任俞滨洋出席会议并致辞。倪江波高度肯定了中德合作取得的成果。截止到2017年10月，中德双方已共同指导了中德被动式低能耗建筑示范项目32个，覆盖我国4个气候区12个省（直辖市），其中已有19个项目28栋建筑获得中德被动式低能耗建筑质量认证，涵盖住宅、办公楼、学校、幼儿园、展览馆、实验楼、员工宿舍等主要建筑类型。

中德合作被动式低能耗建筑示范项目是中德两国在建筑节能领域合作的典范，促进中国建筑节能发展更新升级，它不仅为中国建筑节能发展做出重要的贡献，同时也建立了国际合作的长效机制，树立了国际合作的良好模式。

俞滨洋在讲话中强调，中德合作高效务实，被动式低能耗建筑在中国发展从无到有，示范推广取得显著成绩，已成为我国节能、舒适、健康、宜居和高品质建筑的代表，体现了以人为本的设计理念，让老百姓切实感受到了建筑的舒适、节能与健康。通过绿色发展方式和生活方式形成节约资源和保护环境的发展格局，特别是影响了未来的空间格局、产业结构、生产方式和生活方式。今后我们要继续转变发展理念，加大创新、加强规划统筹，推进被动式低能耗建筑由单体走向社区走向区域的规模化发展，实现由点到线及面的延伸和拓展。

德国能源署能效部副主任 Pillen 发表了“德国能源署推动德国和中国能效市场工作中的尝试和经验”主题演讲。Pillen 介绍了德国政府 2020 ~ 2050 年能源转型目标，能源转型正从第一阶段的大力发展可再生能源向第二阶段的能源系统一体化方向发展。在建筑能效领域，《建筑节能条例》（EnEV）和《可再生能源供热法》将合二为一形成《建筑能源法》，作为建筑节能的唯一指导性文件。新建建筑领域，通过建筑围护结构实现能效提升和发展可再生能源是双拳并举，并在经济效益最佳的前提下寻找到两者之间的平衡点；既有建筑节能改造是德国建筑节能最重要的任务和挑战。在节能改造中引入装配式方式和数字化的手段，并提高标准化和预制化构件应用比例，以缩短工期，降低成本。

住房和城乡建设部科技与产业化发展中心副主任文林峰发表了题为“精诚合作、开拓未来”的主旨演讲。她总结了我国被动式低能耗建筑在示范工程推广、技术标准引领、宣传推广深化、各地激励政策制定等方面取得的喜人成绩，强调被动式建筑的发展符合了我国关于质量提升行动计划的精神，是未来高质量长寿命建筑的代表。她指出针对我国被动式低能耗建筑发展存在的 8 个主要问题，包括：设计能力薄弱、关键技术和产品发展有待提升、施工质量水平低、运营管理模式研究不足、综合管理的领军人才缺失、成本认识片面、系统集成技术和产业链整合不够、综合性示范工程项目不多等；并对未来的发展方向提出了 6 方面的建设性意见，包括：做好顶层制度的设计，进一步加强关键技术研发，加强技术交流合作，加强对竣工项目的运营监测与后评估，鼓励研究因地制宜地推广模式，加强全产业链的人才培养和龙头企业的培育等。

会上，中德双方向山东建筑大学教学实验综合楼、威海市海源公园管理房、盐城日月星城幼儿园、烟台建成丽都居住区幼儿园、株洲惠天然住宅楼、大连金维度 3 栋楼、杭州景澜酒店 8 个项目颁发了高能效建筑——被动式低能耗建筑质量标识，举行了郑州海马国际商务中心二期（A3 地块 1 号楼）项目签约仪式及 8 家被动式低能耗建筑产业技术战略联盟新成员的入盟仪式。

会议还举行了精彩的技术演讲。北京市昌平区建委、山海大象建设集团、株洲国投集团国盛公司、大连博朗房地产开发有限公司、中建科技集团有限公司、中材（北京）建筑节能科技有限公司分享了国内最新的具有代表性的被动式低能耗工程案例和被动式低能耗社区建设案例。哈尔滨森鹰创业股份有限公司、江苏南通三建集团、瓦克公司、北京米兰之窗节能建材有限公司、江苏卧牛山保温防水技术有限公司、武汉创新环保工程有限公司介绍了被动式低能耗建筑关键技术和产品应用，以及对中国被动式低能耗建筑产业发展的畅想。

第五篇

王忠民

中国建材报

智能化装配式建筑助推被动房产业发展

——访山东永强集团副总经理王宏民

既有建筑改造 应加入被动房元素

访谈录 — 王忠民

智能化装配式建筑助推被动房产业发展

——访山东永远集团副总经理王忠民

王忠民（右）带记者参观厂区

■本报记者 张 华

根据《建筑产业现代化发展纲要》要求，到2020年，我国装配式建筑占新建建筑的比例达到20%以上，到2025年，装配式建筑占新建建筑的比例达到50%以上。截至目前，山东永远集团装配式建筑材料年产面积达到180万 m^2。

随着建筑工业化时代的到来，装配式建筑一时间成了业内强烈关注的焦点。装配式建筑具有提高生产效率、降低成本、减少排放、节约能源、保护生态环境等优势，它是如何推动被动房产业发展的呢？就以上问题，近日，记者采访了山东永远集团副总经理王忠民。

标准化建筑体系

记　者：请您详细介绍一下智能化装配式建筑的标准体系建设以及科学构造特点。

王忠民：山东永远集团在董事长黄书亮的带领下，把一根根钢筋传输到专用加工墙体设备内，然后用机器自动把钢筋切割、弯折成功，再把网格状的钢筋铺设到模具里，工人操纵终端电脑，混凝土自动浇筑到模具里，再通过机器抖动让混凝土搅拌均匀，在流水线上生产出产品，是两块墙板夹着保温材料的混凝土构件，俗称“夹心三明治”。这是装配式建筑工业化生产的一个典型场景。与传统建筑方式在现场浇筑不同，装配式建筑的主要构件在工厂流水线上生产。除了混凝土结构，装配式建筑还有钢结构和木结构。工业化生产的最大特点之一就是标准化，构件运到施工现场后可以直接拼接构件，这被形象地称为“搭积木”。目前，“套筒灌浆”是一种主流的“搭积木”技术，有国家标准。通过这种方式，包括承重墙在内的所有构件都由工厂生产，除了建筑转角的地方，基本上不用现场浇筑混凝土。装配式建筑把所有构件组成一个集成，形成一个墙体，作为一个整体在工厂进行生产，通过一系列构件的强硬指标系数，来判断水泥、砂石配比是否合格达标，含泥量、含水率是否标准，从而形成标准化的质量管控体系。

记　者：前段时间，我看到一个钢结构智能化装配式建筑施工的视频。视频显示，一栋 300m^2、两层楼高的乡村别墅，通过“搭积木”式的建造方式，一星期就建成了，而且造价还不到 30 万元。如果都能这样，农民的生活质量可就大大提高了。请您给我们讲讲这方面的情况。

王忠民：永远集团打造永远的家。去年，我们用了一个月时间，在山东省德州市平原县永远集团产业园区，建造了一些会移动的装配式乡村别墅。其中，一栋建筑面积为 90m^2 的房屋，全装配式钢结构建筑，整体墙板模块化装修，具有建筑速度快、粉尘少、防水、防火、隔音、保温、隔热等效果；还有三栋建筑面积分别为 120m^2、110m^2、160m^2 的房屋，除具有以上效果外，还不破坏耕地，总造价也非常低，平均每平方米价格在 800 元左右，普通老百姓也能接受；另外两栋是景区生态房，建筑面积分别为 36m^2、64m^2，特别适用于观光旅游使用，不仅具有节能环保、低碳绿色的特点，更重要的是夏天不用空调、冬天不用暖气，平均一栋房子的价格也就是 20 万元左右，而且 5 天就能建一栋，省去了大量的人力物力成本。

记　者：据了解，在 2016 年住博会上，山东永远集团参展的“永远住宅”样板房受到与会者青睐，多家企业与永远集团签订战略合作协议。请问这些已有成绩对公司的市场发展有何影响?

王忠民: 我们建造的参展作品——“永远住宅”样板房，是董事长黄书亮的杰作，是他呕心沥血，用生命和汗水亲手设计创作的。通过“2016 年住博会”的精彩亮相，目前永远集团接的订单供不应求，已成功在山东省德州市乐陵县、武城县分别建造了 300m^2、600m^2 的房屋（民宅），整体工程已完成，等待装修。另外，永远集团还在内蒙古呼伦贝尔有两个 500m^2 项目和一个 2400m^2 项目，目前结构均已完成。这些低能耗装配式房屋，具有宜居、低碳、舒适、长久、先进、经济等特点。它们能够防火阻燃、循环利用、防水耐浸、超强耐候，实现了科技与艺术的完美结合。此外，低能耗装配式房屋还有许多优越性，即工艺简便、不受施工环境限制、用工省、效率高、建设速度快、劳动强度低、减轻建筑作业、综合效益好等。在装配式建筑研发方面，永远集团已获得发明专利 2 项，实用新型专利 20 余项。此外，永远集团还拥有“中国住宅产业化联盟”副理事长单位、“建筑材料工业技术情报研究所”贡献单位、全国企业立信单位、资信 3A 企业等多项荣誉资质。

大数据与 BIM 运用系统

记　者: 从网上看，装配式建筑智能化仅用 20 个小时即可完成主体结构的吊装，施工速度之快，简直让人不敢相信。一天装完一栋房子，是不是离不开信息技术的支撑?它的奥秘究竟在何处?

王忠民: 装配式建筑从设计、生产，到物流、施工安装，形成了一个数据流和信息流，各个环节相互匹配。其中，三维立体的建筑信息模型 BIM 是一个重要工具，它让全过程直观化、透明化，施工中不再需要传统图纸。工厂生产的每块构件都是一个信息单元，构件里可以“埋”芯片，也可以张贴可视化的编码，如条形码或二维码。芯片和编码里包含有原材料配方、生产时间、地点、检测人员、物流队、安装工人等各类信息，扫一扫二维码，就知道构件的详细信息，相当于建筑有了可追溯的“说明书”。即使若干年后，房子出现了问题，也方便追查原因。最终，各种数据汇聚到企业的“大数据平台”。

在永远集团最新投入运行的全球数据运营控制中心，记者看到，大屏幕上市场、设计、人力、生产、采购、财务等 6 个板块的关键数据，通过柱状图、曲线图等形式直观展现出来，带有十足的科技感。有了“大数据”，建筑企业可以“精准对症施策”，如通过数据推演，优化构件装车方式;通过对比分析不同地区的原材料、人力成本等，帮助工厂诊断出哪里还有降成本的空间。“大数据”在企业层面，可以知道消费者喜好什么户型，哪个构件容易出问题，由此将这些数据反馈到最初的设计环节，进行调整优化。

记　者: 建筑工业化需要科技创新为驱动，我们畅想一下，未来的建筑产业智能化装配式被动房会是一个什么样子?

王忠民: 尽管装配式建筑对于我国来说也是刚起步，但随着国家产业结构调整和建筑行业对绿色节能建筑理念的倡导，装配式房屋备受关注。作为对建筑业生产方式的变革，装配式建筑是建筑业转变发展方式的有效途径，这也使装配式建筑的未来有了更多想象空间。房子，归根结底是为人服务的，建筑行业的创新性变革，将使得建筑和人的关系日益紧密。今后，老百姓对房子的建设过程应该有更多参与权、知情权，而装配式建筑企业“云设计”等理念，则为供需双方提供了可交互的开放工具。在装配式建筑的大体系内，今后可以根据不同用户的关注点，进行个性化设计、社会化生产。永远集团把绿色建材供应商升级为装配式建筑运营商、全产业链系统集成商，打造房屋智能定制、智慧建造共享经济模式，为房产开发项目、工程建设项目提供集成“装配式建筑 BIM 作业”两种先驱技术的整体解决方案，把 BIM 与钢结构装配式建筑科技相结合，将落后的建筑产业现状，改变成智能化、网络化、全球化、绿色化、工业化的发展模式。

BIM 和装配式建筑是天生一对，可以使装配式建筑更科学的实施。BIM 智慧建造平台包含：创意、设计、计划、制造、服务等全产业链服务。它是集成了建设工程项目各种相关专业、各参与方信息的工程数据模型，应用于策划、设计、施工、物业管理和运营等后续阶段，是服务于整个建筑生命周期和所有项目参与方全过程的高科技。BIM 可解决工程过程中的返工、浪费、污染等问题，并使投资者将项目透明化。钢结构装配式住宅的建造流程包含：设计建筑图 / 产品分解设计 / 水电暖施工 / 钢结构装配 / 基础施工 / 地面混凝土施工 / 内外装修 / 验收等环节，运用现代化管理模式，通过标准化的建筑设计以及模数化、工厂化的部品生产，实现建筑构部件的通用化和现场施工的装配化、机械化。那么，将来的建筑不仅节能环保，而且建房子也将更加省时、省力、省钱。

建筑工业化安全系统

记　者: 很多人认为装配式建筑就是“搭积木”建房子，现在又在装配式建筑前面加上了“智能化”，那么人们会不会担心，这样的房子是否结实？两三百平方米的房子只需要两三天的时间建成，很多人不敢相信这是真的，甚至怀疑房子的质量。请您讲讲这方面的问题。

王忠民: 装配式建筑是由预制板加工演变而成的，最初开始叫预制板加工厂，后来逐渐演变到现在的智能化装配式建筑。预制装配式住宅在欧洲、北美及日本等国应用非常普遍，而且发展相对成熟、完善，他们对预制装配式住宅的节能减排效果也进行了一定的研究。我国自 20 世纪 60 年代初，就从德国、日本、奥地利等地引进构件连接技术，经过反复实践，打造成了现在的钢筋结构、混凝土结构、木结构等装配式建筑，高度可以达到 100 ~ 200m。从操作原理上讲，装配式建筑质量使人变得更有保障、更放心。譬如，以前采用传统预制板方式建造的房屋，容易漏水、漏气、塌方，不结实。现在的装配式建筑不仅节能环保，而且科学技术含量高，同时还有保温、隔声、长寿之功效。

如果要是出现质量问题，那么一定是人为因素。譬如，采购人员在材料采购或进场验收环节把关不严造成损失；施工人员技术水平有限、操作施工现场管理不善造成后果；监管人员责任心不强，马虎不认真，质量控制不到位导致建筑物质量参差不齐，从而使建筑质量出现问题。对于建筑产品质量问题，人们大可放心，要相信技术、相信科学。装配式建筑的安全、长寿性能是普通房的 10 倍，同时具有防震、防雷、防水之功效，绝对不会无故发生倒塌现象。

记　者：智能化装配式建筑是如何与被动房衔接的？

王忠民：被动房建筑需要高度的气密性、导热性、隔声性，另外还需要内保温、外保温墙体。装配式建筑由于一体化，不存在漏气、漏水、漏风现象。同时，装配式建筑还有强大的保温效果。由于是一个整体，一堵墙一堵墙的相扣，所以，装配式建筑能够大幅节约资源。根据一些机构的测算，装配式建筑在施工中较传统住宅，节约钢材 10% 左右，节约木材 80% 左右，节约模板 50% 左右，节约水资源 50% 左右，节约施工能耗 30% 左右，减少施工废弃物 70% 左右。可以说，装配式建筑是建筑工业化、信息化、交互化的一场革命。

装配式房屋具有“轻、快、好、省”4 种特性，其强度高、自重轻、抗震性能好，对环境破坏小；可干式施工，不受施工季节影响，适用于不同气候条件和大气环境；施工周期短、占地少、造价容易控制，生产无噪声、无粉尘；可再次利用，减少建筑垃圾和环境污染，能拉动其他新型建材产业的发展，易于产业化生产。

目前，我国正处于加快推进工业化、城镇化和新农村建设的关键时期，发展绿色装配式房屋是建筑业发展循环经济的重要内容，绿色装配式方式将是建筑业下一个风口。经过实践，目前永远集团已总结出 LEA 新型房屋建筑体系的特点，即省力、省物、省水、省电、省钱、减耗、美观，与被动房相得益彰。

采访感言

既有建筑改造应加入被动房元素

■ 张 华

2016年，住房和城乡建设部发布了行业标准《既有住宅建筑功能改造技术规范》，全国各地城乡县区老旧小区纷纷响应号召，进行节能环保建设改造。面对严重的环境污染和PM2.5的冲击，如果能学习部分地区按照被动房的标准进行房屋节能改造建设，会更合乎自然规律，促进建筑文化发展，利国利民。

被动房具有夏天不用主动开空调、冬天不用主动使暖气之节能功效，通过充分利用可再生能源使所有消耗降到最低点。而如此低的能耗标准，是通过高隔热隔音、密封性强的建筑外墙和可再生能源才得以实现，是各种技术产品的集大成者。

既有建筑老旧小区在改造时，只需要更换一下具有气密性的保温窗户，再装上新风系统，高层建筑的暖气设备不用破坏更换，就可以附加带动冬天的取暖作用，既可达到被动房之功效，又可以节约暖气改装等费用。

前几天，记者曾在中国建材大厦一层的超低能耗建筑体验中心开了一天的会议，外面是高温酷暑，而室内却感觉十分舒服。中午很多人反映，没有犯困、头痛现象，到会的一位美国女性朋友一直在说：“这里没有空调，也没有开窗户，没有冷风，却感觉很清爽、怡人。”这就是人们常说的被动式建筑，其特点就是恒温、恒氧、恒湿。据了解，被动房还相当节电，132.81m^2的房子，一天才消耗5.1千瓦时电，1个月才使用153千瓦时电。

目前，全国众多城市、县区都正在进行既有房屋节能改造建设，而且力度非常之大。有的单位几乎每栋楼层都进行了全面改造，窗户全面更换，房屋外墙体也进行了外保温新型建材的加固处理，而且还进行了大量的既有小区改造知识、政策法规宣传，得到了广大居民的一致好评。这其中，如果能再加上一些被动房的元素，将会更加完美。一是提高了执行单位对解决环境污染采取有效措施的落实力度，符合全民节能环保、绿色出行、低碳生活的发展理念；二是凸显机关企事业单位对既有建筑改造被动房工程的示范引领带头作用；三是唤起民众节能环保意识；四是加大被动房大面积推广普及作用；五是具有对被动房扩大知名度宣传的作用。

现在，有些地方为做好老旧小区整治惠民工程发出了专项公告，要求各街道办事处细化综合整治改造方案，分期分批、稳步实施老旧小区整改治理。建设者在施工前与各方签约沟通协调，充分听取居民意见，按照民意施工建设。他们在施工中精心组织，合理安排时间、程序，最大限度地减少对居民生活的影响等，很值得学习。但如果执行单位能够再多具备一点被动式建筑常识，在实践中更好地推广应用，让广大市民学习了解些被动房知识，对全民普及推广被动房、增加大众节能环保意识，会有很好的促进作用。

面对全国各大城市乡村都在全面进行既有房屋建筑改造建设的现状，如果执行单位能够再开阔一下视野，把被动房引进到这项工程中去，那么对我国节约能源、解决城市垃圾问题、促进循环经济发展等将起到积极的推动作用。愿全国各地既有房屋节能建筑改造时，能加入被动房元素。与被动房同行，人们生活会更加健康、舒适。

第六篇

刘 哲

中国建材报

走进被动房新时代

——大连金石湾“金维度被动房”实录

蓝天保卫战 被动房是关键

访谈录 — 刘 哲

走进被动房新时代

——大连金石滩“金维度被动房”实录

■本报记者 张 华

全国第一家33栋全系列认证的金维度被动房项目一期，近日在国家5A级旅游景区大连十里黄金海岸金石滩亮相，在业内引起强烈反响。金维度被动房的高起点、高品质，以及其建筑特色、人文景观、文化理念、艺术风格、装饰设计、施工建设等又是怎样的呢？清明时节，记者来到金维度被动房现场，实地感受其风采，深度采访了博朗地产董事长、金维度被动式建筑创建者刘哲。

集科技智慧、健康舒适、浪漫典雅于一身的金维度被动房，如诗、如歌、如画。晚风轻拂被动房，白浪逐沙滩，没有椰林缀斜阳，只是一片海蓝蓝，“维度空间”沙龙中，一遍遍幻想，海浪、沙滩、被动房，还有一位董事长……

专家的声音

2015年10月，记者在江苏南通三建采访，偶遇德国能源署工程师斯特凡先生。他告诉记者，大连金维度被动房完整记录了被动房的设计、建造、选材、施工、工艺等文化理念，其综合素质达到了中国第一，建议记者去采访。

2016年9月，德国能源署建筑能效部副主任Nicole Pillen女士在接受记者采访时说：“目前，我们与中国合作的被动式低能耗建筑已有30家，而金维度被动房是最好的一家。其建筑难度之大，对管理和施工人员素质要求之高，施工工艺之复杂，对建筑材料设备质量要求程度之苛刻，即使在被动房发源地的德国乃至欧洲各地也是罕见的。金维度本着德国人最为推崇的工匠精神，严格按照低能耗被动式建筑的国际标准进行设计、选材、培训、施工、监管等，每一项工作都一丝不苟，把许多不可能变成了可能，完全达到了德国被动式建筑的各种严苛的标准，可以说在中国被动房新时代是具有里程碑意义的项目。”

Nicole Pillen女士还说，“金维度选用的建筑材料比我们德国被动房标准还要高，刘哲董事长连一个小小的螺栓都不肯放过。有时候，我们都认为可以过关了，可是她依然对一些细节精雕细刻。她选用的施工队伍是中国最高等级资质的南通三建。她的目标不只是中国最好，而是向世界最高标准看齐。所以，金维度被动房达到了世界级水准不是偶然的。我常常在想，刘哲不是在做建筑，而是在做一件艺术品。如果谁能住进这样的房子，一定非常舒适、放心。刘哲是一位工作态度严谨、认真、追求极致和完美的女人，同时也是一位非常善良、友好，愿意替别人着想的人。我能留在中国搞被动房，主要是因为有刘哲。”

2016年11月，德国驻沈阳总领事Peter Kreutzberge到金维度被动房参观后称赞道：“金维度是中德被动式建筑合作的标志性项目之一，对生态建筑起到了引领作用。”

万德福电子热控科技公司董事长任晓林评价金维度，是中国第一个纯欧式建筑的被动房，是诸多优秀企业材料商整合的结晶，高度舒适，节能之功效达到了极致。其所用材料均具有除雾霾、节能环保等功效，有非常严格的保温、节能、除甲醛数据保证。金维度把每个房间都做了分区控温，可以控制不同的温度、湿度，满足不同居住人的个性化需求。同时，在房间无人的情况下，既可以保证温度又可以关闭部分功能。金维度的高标准对每一位材料商都是一种挑战与考验。

住房城乡建设部科技与产业发展中心国际合作处处长张小玲说，连续两年由德国能源署、中国住房与城乡建设部、博朗房地产等3家单位联合成功举办了“中德合作被动式建筑——金维度示范项目技术培训会”，为我国大面积推广普及被动房做出了贡献。培训会上，与会专家一一对金维度项目进行了全面的分析和研讨。专家一致认为，金维度被动房从选材到施工等各方面都是为金石滩量身打造，成为我国被动式建筑史上最高的技术尝试之一。德方专家比较全面地对金维度项目的施工进行了本土化技术论证，并对房屋空气、气密性、热工性能、热回收指标等进行实时测试，一切均达到甚至超过了国际被动房的验收标准。金维度被动房特别值得报道。

刘哲说：“我当时在世界级的黄金海岸开发被动房，很重要的意义就是为大连建筑业，特别是房地产业的转型升级提供核心竞争力，提高大连的居住水平，为新型城镇建设提供一个世界最先进的建筑示范。同时，也期待为大连引入被动式建筑产业链、产业群，引领大连和中国房地产行业产品与理念的更新换代，推动中国建筑领域的低碳、生态建设，创造新一轮的经济增长点。”

数据的见证

金维度被动房总占地面积4万m^2，建筑占地面积10517.48m^2，建筑总面积23082.57m^2，33栋单体别墅全系列采用德国被动式建筑标准认证。

金维度一期实现了“五恒”的人居测试，24h恒定。即：恒洁，国内PM2.5，日均值75$\mu g/m^3$，金维度日均值在10$\mu g/m^3$以下；恒温，人体舒适度标准18～26℃，金维度标准为18～26℃；恒氧，人体舒适度标准约为空气含氧量的21%，金维度标准为21%，有草原和森林般的负氧离子，神清气爽；恒静，人体舒适度标准为40 dB以下，金维度标准为25dB，杜绝一切噪声，小到一根铁钉落地声响的静谧。其气密性测试，创下了N50小于等于0.18（1/h）的记录，墙体红外热成像测试“0漏点”，不仅创造了中国被动房建设的最高纪录，同时也成为中国被动房超越国际标准的纪录。

“两会”的报道

“2016国际住博会”主擂台上，“中国明日之家”大连金维度被动房体验馆围观的人次每天平均在3000以上。体验馆是金维度被动式建筑的缩影，各国被动房专家、教授、学者等纷纷前来观摩，全国各地不少重量级准客户也详细咨询、关注金维度何时正式面世、以什么样的身价面世，刘哲云淡风轻地说：“皇帝的女儿不愁嫁！”

新华社、人民日报、中国大连日报等51家媒体纷纷报道金维度被动房，有《美女刘哲与被动房》《金维度被动房落地金石滩》《被动房在大连起航》《迟来的爱》等等。中国建材报记者王婉伊也采写了题目为《金维度被动房引爆住博会》的整版报道，在业内引起关注。

今年3月22日，在“2017第十三届国际绿色建筑与建筑节能大会”上，主持人激情洋溢地宣布：截至目前，金维度项目已获得5项被动式单体建筑的质量标识认证，是目前被动房单体认证最多的一个项目。全场报以热烈的掌声……

住房城乡建设部韩爱兴、文林峰等领导给予了金维度高度的评价。一篇题为《金维度被动房经典之作》，讲述了博朗地产不计成本，开发运用国际、国内高端一线品牌材料、技术、设计等，构成金维度被动房高质量保证的品牌建筑体系，在业内引起轰动。

金石滩的呼唤

刘哲说：“我当时在十里飘香、五彩巨石汇集的圣地开发被动房，很重要的一个原因就是来自大自然金石滩本身的呼唤。金石滩与波涛万丈的海浪相互交融，形成天然美景，普照大地，天人合一，造福人类。如果再加上被动房，岂不是锦上添花，另有其味，美上加美，对保护生态环境具有深远意义。同时，对被动房的示范和引领，更具有着传播学上的特殊价值，从而使被动式建筑技术在更大范围被接受和普及。”

在金维度的被动式生态别墅区大门口竖起了一块巨型的原生态石头，有人说她像海豚、像盘龙……

走进精致典雅的被动式建筑体验馆一层大厅，会看到其中一个大屏幕正在播放黑烟滚滚而来的雾霾，只要您轻轻一挥手，雾霾就瞬间散去。这是博朗地产通过高科技手段创新制作的“消灭雾霾武器”，以此来警告世人，爱护环境，捍卫蓝天。整个展馆主题分明，清新剔透。一层为被动式办公中心，二层为被动式科技展示中心，三层为被动式人居体验中心，四层为金维度沙龙——维度空间。

为了帮助合作者发展、提高合作者知名度，博朗地产在展览馆内还为合作商免费提供了一个近100m^2的展示平台，四周通过一系列多媒体手段全方位展示了合作商的建筑技术、材料、工艺等。这一行为，充分说明了博朗地产“合作不忘共赢”的经营理念、“吃水不忘挖井人”的企业精神。

据刘哲介绍，“金维度”是以金色的、多维的、丰富的尺度为内涵，诠释着被动房的难度、精度和高度。在金维度被动房可以随时随地感受一些精致的铆栓、密封布、保温型材、防水部品等高档新型建材的魅力，也可以亲身体会到“奥斯卡”级的既有深棕色美艳又有沉淀厚重感的入户门。它不仅具有3倍于普通墙体的厚度，又有9层精密墙体结构的剖面。房子建成之后，这些都会被完全遮盖，成为永久的秘密。但是，深藏在一沙一石中的精良、精细、精致，却像血脉一样涌流和贯通在全部工程的工匠精神里，必将为历史所证明，“金玉其中”的金维度，对得起她脚下金石滩这片神圣的土地，称得起“收藏级的百年建筑”美誉。这，也正是金石滩的呼唤。

母亲的情怀

在“2016 年第四届中德被动房高峰论坛”上，刘哲做了题为《情怀与格局》的报告，点燃了整个会场。她说：“大连是联合国人居署命名的人居城市，而金石滩是大连的皇冠。它三面环海，风景秀丽，充满着诗情画意般的美感，有着‘天然地质博物馆，神力雕塑公园’的美誉，堪称人居仙境。当我第一次踏上这片拥有 6 亿年历史的神奇土地时，心里涌起一种莫名其妙地与大海拥抱的感觉，一种从天性中迸发出的对大海的爱，对土地的敬畏与珍视。多年从事建筑和房地产开发职业的敏感，使我萌生了开发建设被动式建筑的梦想……”

刘哲说，当时，她没有考虑过赚钱，只想能远离雾霾，为节能减排、利国利民做点事儿。很多人说她，在金石滩建被动房是疯了。她想，雾霾是无边界的，特别是在金石滩保护生态环境，一定要从建筑做起。建被动房意味着冬季将取消供暖与燃煤告别，让讨厌的雾霾远离自然、远离人类。

刘哲说的每一句话都透露着热爱大自然的情愫，彰显着优秀企业家的担当精神。会后，记者采访了她。她和蔼可亲，对人掏心掏肺，像位不折不扣的工程建筑设计师，没有一点商人的气质，满脑子都是集装饰、生态、建筑、节能等于一体的美学艺术，再加上她本身固有的艺术天赋，总是洋溢着艺术家的洒脱和浪漫。她对被动式建筑所有的技术参数张口就来，建筑细节了如指掌。她在开工仪式上带着合作团队庄严宣誓：我们坚守，为寒舍造恒定的温暖；我们坚持，为岁月添恒氧的空间；我们站在建筑技术的最前沿，担当大义，勇往直前；我们保证质量，向雾霾宣战；我们一诺千金，以诚信为先；我们永作绿色潮头，忠于蓝天，捍卫生命！

2014 年 9 月，大连博朗房地产开发有限公司（以下简称博朗地产）与住房城乡建设部、德国能源署合作的“金维度——中德合作被动式建筑示范项目”（以下简称金维度被动房），一期 9 栋单体别墅目前已经完成，获得中德合作被动式建筑质量认证标识。其中一项金维度气密性检测指标以 N50 ≤ 0.18（1/h）的世界最高纪录，超越了德国和瑞典被动房标准，被称为中国被动房史上的“金维度蓝”，创造了被动房墙体红外热成像检测的新纪录。德国能源署驻中国首席工程师斯特凡（Schirmer.Stefan）称：“金维度是我们与中国政府合作的被动房项目中做得最好的一家，不仅外观大气美观，而且质量达到国际标准，它是被动房建造的教科书，是节能建筑领域一座瞩目的灯塔。”

采访感言

蓝天保卫战　被动房是关键

■ 张 华

目前，雾霾天气所引发的环境问题日益严重，要治理雾霾，打好蓝天保卫战，开发建设被动房是非常关键的一步。

今年的政府工作报告指出："要坚决打好蓝天保卫战。"如何才能打好这场保卫战？大连博朗房地产开发有限公司（以下简称博朗地产）的做法是：高端化产品、高质量技术、高起点的建筑设计，打造"世界品牌被动房"。

保护蓝天，是每一个中华儿女乃至全人类义不容辞的义务和责任，但如何保护好蓝天，各行各业都应该发挥自己应有的作用，小到随地吐痰，大到企业污染，都应该转变观念，改变工作方法，从自身做起。尤其是中国建筑、建材企业，更应该肩负起一定的社会责任。

博朗地产的广大员工，每天激情四射地在金石滩庄严宣誓：以保护蓝天为己任，用心、精心、匠心，践行美丽中国行动，创造生态文明未来。

博朗地产在金石滩开启了中国被动房新时代，以被动房国际标准为起点，以金维度低能耗、高舒适度被动房项目为发端，建造出高效节能、低碳环保的房屋，以此证明：穹顶之下，有净土！有蓝天！

人的一生 80% 的时间是在室内度过的，如果室内有阳光、蓝天、负氧离子等，那么被动房就是保卫蓝天战中解决雾霾最佳的突破口之一。

金维度被动房在建设开发中，其董事长刘哲强调最多的话就是："不鸣则已，一鸣惊人；不飞则已，一飞冲天。""要做就做世界上最好的。"金维度被动房所有材料全部是国外进口及国内合资企业高端化产品，建筑设计全是国内一流的企业。这一事实，证明了博朗地产打造世界品牌被动房的信念与毅力、保护蓝天的信心与决心。

2016 年，全国 338 个地级以上城市中，75.1% 的城市空气质量超标。随着我国大气污染控制力度的加强，颗粒物污染已得到初步缓解，但臭氧污染逐渐凸显。在北京等一些重度污染城市建被动房，完全可以降低雾霾。目前，被动房发展力度与市场不相适应，远远满足不了人们的需求，离广大老百姓的生活距离太遥远。望各级政府加大推广被动房政策力度，开发商、投资商积极投身到保卫蓝天战中，为人类健康而奋斗！

博朗地产在房地产阵痛期诠释了被动房建筑的革命史，为人类抗雾霾减轻负担而奋斗。他们没有拿到国家一分钱补贴，全是自有资金在潜心实践，大胆创新，率先在我国北方地区打响了蓝天保卫战的第一枪，值得学习。

博朗地产在金石滩建造了被动房，不仅净化了“雾霾无边界”的空气，同时在北方的冬季消除了一切取暖设施带来的干燥不适，让海风沐浴下的室内更加舒适，让被动式建筑技术更具有引领、传播的意义。

望大家积极行动起来，以大连博朗为榜样，打好蓝天保卫战，建好高质量的被动房。

行业花絮

大连金维度被动房独揽 8 个认证

张华　中国建材报　被动房时代　2017-10-24

本报讯（记者张华报道）金秋十月，“第十六届中国国际住宅产业暨建筑工业化产品与设备博览会”上，金维度项目又获颁 3 个中德合作被动式低能耗建筑认证标识，至此金维度已“独揽”8 个“中德合作被动式低能耗建筑认证”，成为中国获此权威认证最多的项目；同期举办的“第五届中德合作被动式低能耗房屋技术交流研讨会”上，博朗地产董事长刘哲做了题为《品质，是被动式建筑的灵魂》的主题演讲，在业内引起强烈关注。意味着金维度被动房引领中国建筑、建材、住宅产业深度发展。

坐落在国家 5A 级旅游度假区大连金石滩的金维度被动式建筑，以创世界一流、国际品牌为目标，高标准实现了恒温、恒湿、恒氧、恒洁、恒静的“五恒”极致舒适人居体验。金维度项目不仅打造了恒温、恒湿、恒氧、恒洁、恒静的“五恒”极致舒适的人居体验，同时在被动房最关键的气密度和墙体两项指标检测中，均创下了中国最好、世界一流的高水平，被德国专家誉为：“被动式建筑的教科书”。去年住博会上，金维度被动式建筑实体体验馆曾创下三天 7000 人参观体验的住博会记录。金维度的被动式建筑科技馆和被动式建筑生活美学观建成后，已经先后接待了来自海外和全国各地近千人参观体验。所有参观者无不对金维度项目“五恒”的极致舒适的人居品质感叹不已，对博朗地产精益求精的工匠精神交口称赞。

“第五届中德合作被动式低能耗房屋技术交流研讨会”上，博就金维度项目如何以高品质铸就行业瞩目的成果、如何进行被动式建筑技术的引进与创新、金维度被动式建筑效应以及金维度项目引发的一些思考，刘哲做了具体详实深入的阐述与介绍。

中国被动式建筑专家、住房和城乡建设部科技与产业化发展中心张小玲处长这样评价，金维度项目质量达标，技术过关。董事刘哲长在接受记者采访时说，金维度被动房是经得起时间与历史的考验的，包括每一件产品，小到一个螺丝钉，我们可以自豪地说，金维度为中国被动式建筑向世界一流品质迈进发挥了重要的引领和示范作用，而且要向世界亮剑中国建筑——大连金维度被动房。

第七篇

代景峰

中国建材报

向被动房新时代进军

打造“合作共赢”新优势

河南龙旺钢化真空玻璃走俏被动房市场

访谈录 — 代景峰

向被动房新时代进军

——访秦皇岛启鸣门窗集团董事长代景峰

记者与代景峰（右）在交流

■本报记者　张 华

面对供给侧改革，绿色建筑材料如何突出重围，深度转型升级，是摆在每一位建材工业制造生产者面前的一个很重要的课题。秦皇岛启鸣门窗集团有限公司的做法是顺应时代潮流，向被动房市场进军。那么，该公司是如何潜心实践、大胆创新，迎战被动房市场的呢？5 月 19 日，初夏时分，记者顶着骄阳来到美丽的渤海湾——秦皇岛市海港区北部工业园区，走进我国门窗大户制造者的军营中，与启鸣门窗董事长代景峰进行了深度访谈。

厚积薄发

新型建筑材料如何才能满足适应被动房市场的需求？代景峰一针见血地说，研究开发适合被动房的新型材料，启鸣门窗具有雄厚的根基和实力。从启鸣门窗的历史背景看，该公司于 1993 年成立国有企业秦皇岛启鸣彩板门窗厂时，就已开始生产研发意大利赛格彩钢门窗系列、日本不二系列铝门窗、德国卓高塑钢门窗、旭格断桥铝合金门窗、德国 IV68/IV100 铝包木门窗等高端产品，再加上近几年获得的一系列奖项与成绩，充分验证了启鸣门窗勇于探索、敢于实践的时代精神。1999 年，启鸣门窗重新洗牌转成非公有制企业，经过近 20 年的滚打摸爬、坚守与挑战，规模不断壮大，现在已经发展成为集研发、生产、销售、咨询为一体的综合性专业节能建材研发企业，在上海、江苏、浙江、安徽、沈阳等地都相继建立了生产加工基地。这样的实力，足够满足研发生产被动房应用开发材料建设的需求。据了解，启鸣门窗的产品大多用于国家机关及疗养院工程。譬如：中直疗养院、全国人大疗养院、总参疗养院等建筑工程。

代景峰说，在当今互联网时代的大背景下，加之秦皇岛“在水一方被动房示范工程”的感召，建材行业平台上建立品牌标杆的热潮一浪高过一浪。目前，启鸣门窗旗下有上海研发运营中心、启鸣建筑材料研发公司、安徽戴德启鸣新型建材公司等，借助互联网的便利优势，建立了完善的品牌和服务体系建设，给企业与客户之间创造了一个开放的沟通机会，让门窗装修供给与客户需求形成了友好的对接平台。

谈到启鸣门窗一路走来、一路艰辛、一路挑战的坚守精神时，代景峰十分自豪地表示，2003 年，该公司启鸣钢窗、塑窗、铝窗等多个系列产品被评为“河北省用户满意产品”；2004 年，在门窗行业中率先通过 ISO9001 标准认证并获颁 UKAS 证书；2006 年，晋升为中国金属结构协会理事单位，中国钢、木门窗委员会副主任单位，同时还兼任河北省门窗幕墙委员会副主任单位、秦皇岛市门窗幕墙委员会主任单位；2008 年，作为主要编委参编住房城乡建设部《木门窗》国家标准，并于 2011 年圆满完成编写任务；2011 年，启鸣牌断桥铝合金窗产品获评河北质量技术监督局“河北名优产品”荣誉。

数据达标

谈到被动房的标准指数时，代景峰自信地告诉记者，启鸣门窗在开发符合被动式建筑要求的高节能门窗上具有得天独厚的条件。一是借着被动式建筑蓬勃发展的东风，启鸣门窗在节能门窗特别是符合被动式建筑要求的高节能门窗方面有了长足的发展，门窗节能可以做到 $U=0.4\mathrm{W/(m^2\cdot K)}$。玻璃能达到的标准，启鸣被动式门窗完全超额达标。

二是加强门窗材料的研发以及门窗加工工艺的深入研究，最大限度地把高节能门窗的价格降下来。节能 65% 的门窗 $U < 2.2\text{W}/(\text{m}^2 \cdot \text{K})$(600 元 /m²)，节能 75% 的门窗 $U < 1.8\text{W}/(\text{m}^2 \cdot \text{K})$（900 元 /m²），被动式建筑门窗 $U < 0.8\text{W}/(\text{m}^2 \cdot \text{K})$（2000 元 /m²）。

代景峰说，按照被动房门窗传热系数要求，玻璃的传热系数应满足 $K \leqslant 0.8\text{W}/(\text{m}^2 \cdot \text{K})$；玻璃的太阳能总透射比 $G \geqslant 0.35$；玻璃的选择性系数 S，愈大愈好，并满足 $S=TL/g \geqslant 1.25$ 的要求（TL 是可见光透射比）。在这种条件下，房屋外门窗的透明材料只可能选用 Low-E 中空玻璃或真空玻璃等透明材料。房屋外门窗框的型材传热系数 K，应依据现行国家标准《建筑外门窗保温性能分级及检测方法》GB/T 8484 规定的方法测定，并符合 $K \leqslant 1.3\text{W}/(\text{m}^2 \cdot \text{K})$ 规定。这项规定既保障了外窗整体的传热系数能够控制在一定范围以内，又保障了在使用过程中，冬季室内一侧型材表面温度高于露点温度。按照被动式建筑的市场需求，启鸣门窗自主研发的重组木、重组竹、木塑、聚氨酯等隔热复合型材完全达标。目前，启鸣门窗又准备与龙旺真空玻璃合作开发指标完全达到 $K \leqslant 0.2\text{W}/(\text{m}^2 \cdot \text{K})$ 的超节能门窗，那简直就是被动房的福星，也必将为零能耗建筑的开发打下坚实的基础。

降低成本

面对全新的市场挑战，降成本、补短板，企业怎样才能在困境中博得一席之地呢？企业只有不断挖掘内部潜力，对产品进行一次次改革创新、升级换代，才能立于不败之地。代景峰十分淡定地说，目前，我国发展被动式房屋应本着因地制宜的方针，结合我国的节能、环保、绿色、低碳的发展原则，紧扣供给侧改革的主题，把国外的先进技术与中国实际相结合，原材料尽量本土化，将降低成本作为被动式建筑的主攻方向，让先进的理念及舒适的建筑得到更好的应用和推广，做到真正意义上的节能环保，普惠众生。

启鸣门窗将高科技与先进的设计理念融入产品的研发生产中，用极简单的加工工艺和方法来实现最终的节能效果，以此来达到降低成本的目的。谈到供给侧改革大时代，代景峰非常理性地告诉记者，目前国家在提倡“补短板、降成本”，虽然企业是市场的主体，但有时政府也会有形无形地影响着企业。做企业很难，做企业不仅是内部的管理——“人机料法环”，还有来自外部的“人机料法环”，特别是外部因素，更难控制，对企业的杀伤力更大。

代景峰说，中国固有的窑洞及干打垒地窨子也有被动房的特性，那么中国人在建造被动房时完全没有必要复杂化，有些原有的方式可以坚持，从国外引进的技术工艺有的完全可以省略。譬如：现有的集中供暖模式，在将来也许是性价比最好的模式，将来成本很低的清洁能源不断开发出来，还有新的保温材料，特别是智能材料的出现，就会颠覆原有的思维模式和工作方法。一味地把暖气打掉，刻意地隔桥、贴保温材料等做法值得商榷，好的材料没有正确的工艺方法也只是劳民伤财。如过度使用高科技或堆砌高性能材料，而忽略了从系统上、整体协调上加以匹配，就会过度消耗资源，造成不必要的浪费。这与我国的节能、环保、绿色、低碳、环境友好型社会的发展理念背道而驰。德国人说，造被动房综合起来要比普通房还要便宜，这就是发展被动式房屋的初衷。像重组木、重组竹、木塑、聚酯门窗系统，不仅在材料上得到了废物利用，而且低档材料在重组中得到了价值的提高。在制作工艺上，尽量减少加工环节，采取集成化、系统化、模块化方式。在材料、人工、运输、管理等成本上均有大幅降低，成窗成本也相对降低了 30%。这对我国大面积普及开发建设被动房，降低被动式房屋的开发成本具有非常好的现实指导意义。

工匠精神

面对快速发展的新经济时代，用工匠精神来引领和指导行业的发展，已成为当今企业家们关注的话题。对此，代景峰沉心静气地说，启鸣门窗根据企业自身发展的问题，提出了解决方案并进行全面梳理，在深化产品的同时，更要做好全方位的整体把控，使企业在稳定发展中更具有创新精神。启鸣门窗把心血和精力专注在工匠精神上，把传统的门窗改变成了具有现代品味、时尚风格的艺术化发展工艺产品。在建筑市场上，同德国相比，我国最先进生产厂商所提供的被动房专用门窗并不差。被动房门窗生产过程中各道工序质量把控严格，工艺比较繁杂。虽然我国已经能生产被动式外窗，但这样的工厂还属凤毛麟角，启鸣门窗则突破了我国工程用窗普遍忽视窗的密封材料问题。被动式房屋的外窗应采用三道耐久性良好的密封材料密封，而启鸣门窗有五道密封。如果被动房采用性能不好的外窗密封材料，其后果非常严重，轻则门窗本身可在冬季室内一侧结露，重则丧失被动房应有的室内环境温度和气密性的要求。启鸣门窗除了具有节能环保、工艺先进等特点之外，还能因地制宜、私人定制，同时能够满足适应南北方不同地域和气候带的被动房需求，可针对多种墙体基面进行配套产品的生产。目前，启鸣门窗凭借与全国各地大专院校联合开发科研项目的优势，根据地理位置、季节迅速调整门窗产品的材料组合、型材结构形式、门窗开启方式，让产品发挥最大的作用，现已在全国搞了 300 多个成功的案例。

代景峰说，目前启鸣门窗有八大类系列产品，100 多个品种。断桥铝、铝塑，纯实木、铝包木、木铝复合，彩钢、不锈钢，塑钢、木塑等，广泛应用于工业、民用、商用等各类建筑。启鸣门窗现拥有铝、塑生产线 4 条、彩钢门窗生产线两条，德国 Weinig Unicontrol Six 铝木窗专用加工中心两套，各类门窗产品年生产能力 60 万 m^2。在原材料选择上不仅有国外的，更多是采用国内的材料重组，以达到更高的产品品质，更具有大国工匠之风范，为打好被动房市场的攻坚战而努力奋斗。

行业花絮

河南龙旺钢化真空玻璃走俏被动房市场

本报讯（记者张华报道）记者近日在河南绿色节能建筑与被动式房屋高端研讨会上获悉，钢化真空玻璃建筑能耗占社会总能耗的 40%，已成为被动房发展中备受青睐的高端化产品。目前，河南龙旺钢化真空玻璃有限公司研发生产的钢化真空玻璃已在北京、上海、福建、湖南、山东等 17 个省市被动房市场中广泛使用。

据了解，目前钢化真空玻璃的大批量生产是世界性难题。龙旺公司的钢化真空玻璃量产技术为世界首创，已获得中国建筑材料科学技术二等奖，以及中国、美国发明专利。此外，龙旺公司研制开发的第三代全平面无凸起钢化真空玻璃、单层钢化真空玻璃等产品又给用户带来了更大的惊喜，即室内外温差达到 100℃，再次夺得了“世界冠军”。

目前，我国每年新增住宅和公共及工业建筑玻璃需求量为 3 亿 m^2。河南将大面积推广普及被动房，龙旺玻璃将成为首选驻扎部队，与开发、设计、投资商一道并肩战斗。作为中原被动房总承包建筑设计的河南五方建筑设计公司，又与龙旺公司签订战略合作协议，为中州大地走进被动房新时代再续新篇章。

作为“十二五”国家新材料产业重点扶持产品——龙旺玻璃，经德国客户测试，属全球先进保温透明玻璃产品，也是全球性价比最高的产品，单个手指厚的钢化真空玻璃的保温效果超过 1m 厚的砖墙，保温性能超过普通中空玻璃的 10 倍，寿命是普通中空玻璃的 5 倍，用在冰柜门上，每平方米一年可节约电费上千元，目前已成功在恒大、碧桂园、朗诗、伟大等大型集团企业开发的被动房中使用，得到广大用户的纷纷点赞。长治市的一个用户发来微信图片显示：把龙旺玻璃在热锅上蒸煮，靠水的一面是 90℃，靠空气的一面是 20℃，彻底达到了隔热保温之功效。

龙旺玻璃门窗能够满足被动房墙壁隔热性能传热、导热系数指标标准的要求。它与普通玻璃的架构区别是：高档窗框 + 轻薄高效节能的钢化真空玻璃 = 世界顶级的系统窗；普通窗框 + 轻薄高效节能的钢化真空玻璃 = 质优价廉的系统窗。龙旺断桥铝超级窗参数为，传热系数：1.0W/（$m^2 \cdot K$）；隔声：38dB；抗风压：± 5kPa；水密：700Pa；气密：8 级；开启方式：内开内倒。

龙旺玻璃的产品多元化，包括单向透视真空玻璃、LED 发光真空玻璃、冬暖夏凉的钢化真空玻璃阳光房、TL6+0.4V+T6、真空与 Low-E 等产品。膜寿命 50 年，寿命技术是真空眼，型材框宽度 65mm、隔热条 24mm，不仅能满足高温高寒地区的性能要求和常规的物理性能，还有抗 9 级风压、平面内变形、热工、隔音、耐撞击、淋水、抗震、承重、防雷、防火、防弹等性能。

龙旺玻璃幕墙与普通幕墙的区别是：普通 Low-E 中空，K=1.7，1 套型材 2 层玻璃；呼吸式幕墙，K =1.0，2 套型材 3 层玻璃。而钢化真空玻璃 K =0.2，1 套型材 2 层玻璃。龙旺钢化真空玻璃幕墙安装便捷、简单，只需要把钢化 Low-E 真空玻璃，T4+V 0.2+T4 嵌入炉门，炉内温度 120℃，炉外温度 20℃，保温 385 天，变形量 1%，玻璃完好。其耐温差在 100℃，变形量 1%，隔音 42 dB 以上。其光学性能可以在阳光照射的情况下房屋变成冷光，晚上，在灯光下，不用窗帘，室外看不到室内，具有热致变色或电变色自动遮阳之功效，节省了安装遮阳板、窗帘的成本，符合国家供给侧改革要求，具有补短板、降成本的成效。

龙旺玻璃复合夹胶中空产品包括，T6+0.4 真空 +TL6+18A 中空 +T6+1.52PVB+T6，中心传热系数 0.21W/（$m^2 \cdot K$），可见光透过率 62.8%，太阳能总透射比 0.32、太阳能红外线总透射比 0.021、光热比 1.94，厚度差中空部分来调节，超白热浸防自爆 1/100000 以下，确保安全性能。其双面 PVB 夹胶：T6 超白 +1.52PVB+T6+0.4 真空 +TL6+1.52PVB+T6 超白，最大尺寸 2440mm × 3660mm，中心传热系数 0.27W/（$m^2 \cdot K$）。

龙旺公司世界首创的真空眼技术，使用户抬眼便可发现玻璃是否漏气，无需借助任何专业仪器检测。其产品广泛用于门窗、幕墙、冰柜、平板太阳能热水器、车船等领域。

据龙旺玻璃第一发明人、龙旺公司董事长李宏彦介绍，目前该公司产品已在加拿大、德国、泰国、波兰、美国、阿联酋、俄罗斯等国家建立代理机制，并与理念相同的企业合作建厂，将具有世界领先水平的产品更大范围地推广应用，让世界民众享受到绿色玻璃的优越性。

采访感言

打造“合作共赢”新优势

■ 张 华

采访完秦皇岛启鸣门窗集团有限公司与河南龙旺钢化真空玻璃有限公司后，记者的感受是：面对经济发展新常态，两家优秀企业优势互补、强强联手、合作共赢，共同开创未来发展新篇章的做法值得点赞。

目前，举国上下都在谈“合作共赢”，究竟如何才能实现这个目标呢？一是要有一个良好的双赢心态，不要只想着人欺人、人骗人，那样只会两败俱伤，得不偿失；二是要放大胸怀和格局，俗话说得好，“格局有多大，企业就有多大”；三是打造一个合作共赢的新平台；四是建立互相信任机制；五是抱团互动原则。

合作要有一个互相包容的心态。如果你是抱怨的，那么你的人生就是抱怨的一生；如果你是计较的，那么你的人生就是计较的一生；如果你是感恩的，那么你的人生就是感恩的一生。做企业也是如此，发现对方有一点瑕疵，从此撕毁合约，老死不相往来，那肯定是不行的。企业合作需要有吃亏的精神、谦虚的胸襟，多看别人的优点少看缺点，凡事不要闷到肚子里，注意良好的人际沟通技巧，学会互相欣赏、互相激励、互相帮助、互相抬举，方能走得更远、更扎实。

合作要搭建一个相互信任的平台，譬如建立一个充满正能量的微信群、沙龙等。大家相互传递信息，共同分享一些新知识、新经验，不断感染和吸收一些新客户，犹如一所优秀的学校，有强大友情生态资源作支撑，形成一个“抱团互动”的有效机制，共同达到合作共赢的目的。秦皇岛启鸣门窗与河南龙旺玻璃达成战略合作，包括与国内外其他企业的合作，秉持“互助、互利、共赢”理念，致力于打造上下游企业供应链一体化模式，助力参与者实现“汇聚资源，共筑辉煌”的梦想。

企业合作需要建立一个良好的信任机制，那是一种公平、公开、公正交易的合作契约，而不是尔虞我诈，互相欺瞒。合伙人最忌讳的是相互猜疑，互不信任。诚实守信、依法办事，是人类精神文明发展的最高境界。

抱团发展已成为当今时代的特色，有人提出抱团养老、抱团旅游、抱团创业、抱团就餐等。但就企业发展而言，抱团是根本。俗话说，独木不成林。企业要想发展壮大，保守主义、故步自封已经不适合当今时代的发展。当今时代需要整合发展，如联盟、商会、同乡会等一系列新文化机制的崛起，再次告诉人们，单打独斗的时代已经不复存在，只有不断“创新、合作、共赢”，才会有辉煌的明天。

第八篇

周炳高

建筑材料工业技术情报研究所
中国装配式集成建筑材料产业联盟
营口东佳新型装饰材料有限公司
营口汇丰钜金有限公司
中国建材报
2017年11月8日

做“中国好房子”领航者

——访南通三建控股集团总裁周炳高

建筑丰碑

访谈录 — 周炳高

做"中国好房子"领航者

——访南通三建控股集团总裁周炳高

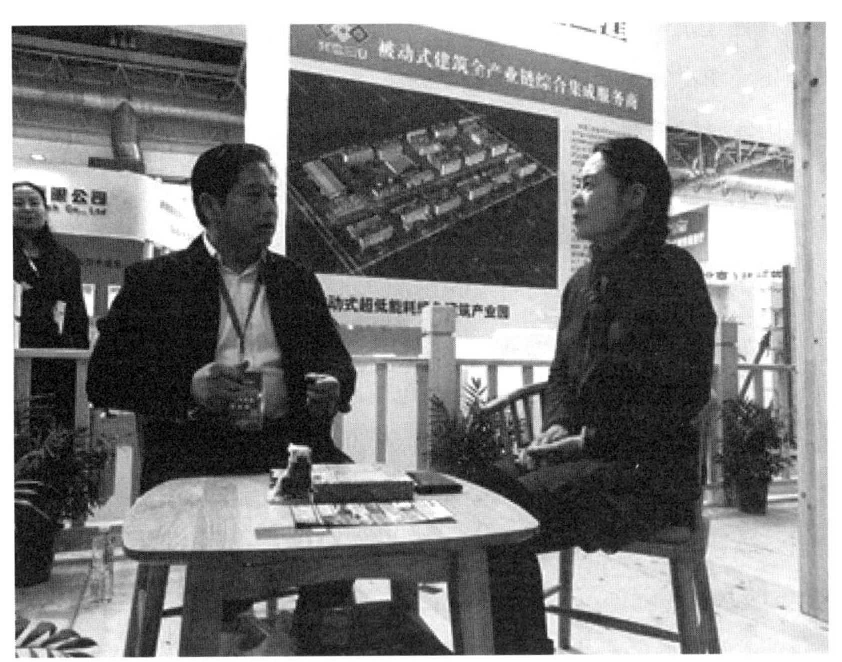

图为记者在采访南通三建控股集团总裁周炳高（左）

■本报记者　张 华

金秋十月，在第五届中德合作被动式低能耗建筑技术交流研讨会上，中国被动式低能耗建筑产业技术创业战略联盟理事长、南通三建控股集团有限公司（以下简称三建）总裁周炳高所作题为"聚集联盟智慧，引领行业发展"的报告，在业内引起关注。

南通三建被动房绿色产业园区（以下简称园区）运营近两年来，以新品牌、新形象、新理念、新设计、新气象、新格局、新状态等向世人递交了一幅美丽"画卷"。其未来三建将如何发挥行业引领作用，助推我国大面积普及推广应用被动房尽快落到实处？行业领军人物周炳高又有怎样苦辣酸甜的心路与创业感悟？十九大召开前夕，记者在住博会上对周炳高进行了深度访谈。

新品牌　新形象

记　者：目前，国家倡导“中国品牌”、“中国制造”、“中国品质”，园区顺应新时代潮流竖起了新品牌、新形象的旗帜，下一步将如何引领行业发展？

周炳高：三建人不忘初心，牢记使命，以中共中央、国务院系列文件精神，特别是今年9月发布的《关于开展质量提升行动的指导意见》为指导，以“质量第一”作为价值导向，将建筑质量作为百年大计，按照适用、经济、安全、绿色、美观要求，以装配式与被动式集成技术作为突破点，致力于建设高品质、高质量的绿色、低碳、节能、环保、健康的低能耗建筑，为助推我国建筑产业化进程，改善人类生活环境和品质，促进社会的可持续发展作出应有贡献。

园区以中国建筑发展变革为内容，把国产新材料、新部品、新设计、新建筑施工集成为生产研发基地，打造中国式被动房新品牌、新形象。三建从1958年成立到现在，一直是全国知名的民营建筑施工企业，新品牌建设无疑是三建参与世界竞争的必由之路。2014年，三建又率先在中国开启被动房产业园区新征程，当时我就说：“要做就做世界新品牌”。目前，她承载的是我国千年建筑文化发展走向被动房新时代的新篇章，孕育着我国新建筑、新建材、新住宅的新文化内涵；包含了三建人大胆尝试德国被动房技术的新理念、新精神以及高歌猛进被动房新时代的新风范！

记　者：听说园区所有的建筑材料全是使用国产的，而且这些高端化建材很多都是三建人自己研发生产的。

周炳高：园区是住房和城乡建设部牵头、德国能源署共同参与合作的项目，总建筑面积20万m^2，主要研发生产建筑节能相关技术新材料节能门窗、保温材料、创新装配式集成材料、智能机器人、智能家居、光伏发电、太阳能热水、雨水回收等高科技产品，在研发设计、生产开发、技术培训和运营总承包服务等方面形成了可复制的全产业链，并获得国家装配式建筑产业基地、江苏省民营科技型企业、江苏省建筑产业现代化示范基地等荣誉。三建还要努力成为国家高新技术企业，打造具有新型现代化产业的产品基地。

记　者：在这些成绩的背后，作为领军人物的您，对于新品牌管理又有何新战略。

周炳高：园区是被动房行业发展道路上的一座灯塔，既是民族的品牌，也是世界的品牌。我们国家的建筑正在经历前所未有的变革时期，品牌形象是领军企业的一贯作风及日积月累建立起来的良好信誉。被动房的品牌，是中国人的新形象，建筑领域里的新丰碑。目前，就全国的被动房市场而言，高端化新品牌定位非常重要，节能环保材料、高品质的施工是被动房打造的第一步，是我国大面积普及推广被动房走向成功的必由之路，否则，建几年后又等于普通建筑，毫无意义。对于一个有责任、讲诚信的品牌企业而言，创造出百年建筑的品牌形象才最关键。三建人不仅要把被动房唱响，而且还要引领祖国的大江南北，甚至向世界亮剑，让外国人像羡慕我们的高铁一样羡慕“中国好房子——被动房”。

新气象 新面貌

记 者：走进园区，满眼看到的都是各种各样的环保标语“地球是我家，爱护靠大家；呼唤绿色文明，建设美丽家园”、“引领地方经济发展，助推建筑产业进步”、“勇于创新，敢为人先，强毅奋进，追求卓越”等，很震撼人心。请具体讲讲园区的文化内涵好吗？

周炳高：园区内光芒四射、熠熠生辉的各种各样标语背后反映的是三建人自强不息、勇攀高峰、与时俱进、勇于引领的新时代新精神！作为园区主楼的研发中心是江苏省第一栋被动式公共建筑，门前分别是古建筑和木结构两栋被动房。园区东侧是被动房 EPS 保温材料和节能门窗制造基地，西侧是装配式与被动式集成技术 PC 构件生产基地，南侧是正在建设中的住房城乡建设部被动式与装配式技术集成示范楼。园区的绿化错落有致，以木色为主调，形成木色长廊、木色休闲通道，木色休闲凉亭等，与绿色草坪、砾石、竹子交汇衬托，与室内被动房的空气形成天然美景。很多参观学习者照相留念，这充分说明了三建人文化自信、道路自信、理念自信、创意与设计自信。

记 者：今年，我先后两次到园区采访，第一次来时，院内还是一片泥洼地，时隔两个多月再来园区焕然一新，令人惊艳，充分说明了三建人不忘初心、砥砺奋进的新精神。

周炳高：按照住房和城乡建设部科技与产业化发展中心的要求；要打造全新理念，引领世界潮流的被动式建筑绿色园区。我们投入大量的人力、物力，拿出 20 世纪 80 年代响应党的号召挺进北大荒“吃三、睡五、干十六”的精神，再加上三建人对建筑特有的情怀以及使命感、责任感。我们在一个月内，保质保量完成了整个园区建设与绿化工作。人的生命是有限的，品牌是永恒的，建筑背后的精神是生生不息、代代传承的。三建是三建人永久的精神家园、精神领袖，我们要引领行业走向新时代的顶峰，奏出新时代的凯歌！

记 者：园区的创意设计既彰显了大国工匠风范，又展示了我国江南小桥流水的地域文化风情，很有格调。您是如何管理和激发广大员工创新发展的？

周炳高：其实，每一个人都有一种潜在的创新力，关键看领导如何激发。一是领导力塑造，通过领导的人格魅力，给员工形成一个敢于建言的氛围；二是信任机制，通过赋予信任，使员工产生自信的创新热情；三是依靠制度，通过建立一系列健全规范的规章制度，包括奖励、惩罚等来激励创造；四是建立更高层的授权制度，通过层层授权来感染每一位员工；五是企业文化，通过培训、团体活动、旅游等活动激发；六是建立网络平台，通过微信群、QQ 群等，用竞争手段来启发。

新文化　新战略

记　者：给我印象最深的是园区内的两栋被动式体验房，连续 4 次参加住博会，次次引爆。

周炳高：木结构被动房既有乡村恬淡的生活环境，又有超低能耗技术负氧离子的气息，还有精装修、高品位的新艺术境界。大家在被动房里居住，可以体验到回归大自然的感觉，有全身心放松、解脱、舒适、自然、清爽的天然氧吧美感，随时随地能够感受到芬多精、负氧离子。有很多人在这里体验过之后，都有新感受、新感悟。譬如：大连实德的陈海波说："在这里居住非常舒服。"蓝宝股份的江小平感慨："我要赶快去开发建设被动房了"。每年住博会，平均每天参观的人数超过 3000 人，场场爆满，住房和城乡建设部领导和专家给予了高度肯定。

记　者：木结构被动房是国家住房和城乡建设部倡导的产品，业内专家又是怎样评价呢？

周炳高：专家们普遍认为，木结构被动房是一种以性能为基础的建筑标准，重点在于显著减少建筑物用于维持室内恒温而主动制冷、热的能耗。相同规格下的木结构被动房比普通木结构房屋要节能 90% 以上，如果在房子上安装了可再生能源设施，如太阳能光伏板，被动房甚至能够成为"零能耗"的建筑，即房子的能量供给全由自身生产，同时达到"零碳排"。实验证明，木结构被动房墙体比普通混凝土墙体在相同厚度的情况下保温能力要高 7 倍左右。木结构被动房的保温、隔音、气密等方面会更容易做得出色，使用率高在 85%～90%，制冷与采暖年平均能耗小 15kWh(m^2a)。

记　者：园区整体发展的新战略、新任务是什么？

周炳高：目前，我们以民生为中心，注重改善人居环境，发展四大新任务：一是建成国际一流、绿色、现代、智慧园区；二是打造优美生态环境，构建蓝绿交织、清新明亮、水城共融的生态园区；三是发展高端科技产业，积极吸纳和集聚创新要素资源，培育新动能；四是提供优质公共服务，建设优质公共设施，创建城市建设新样板。

新起点 新征程

记　者：听说您从小特别喜爱学习，可由于家庭困难，为了照顾兄弟姐妹读书，17岁就辍学到三建建筑工地搬砖提泥，在工作中一边实践一边学习，从中专一直读到研究生，中国各大名校几乎都有您的身影，一路走来，累计花了800多万元的学费，不为文凭，只为学到知识。您还有一个习惯，口袋里经常装着一个小本本，随时随地记录与搜集各方面知识、信息等。

周炳高：我从事过饲养员、泥瓦工、记工员、统计员、副组长、组长、副队长、队长，直到部门副经理、经理、区域副总经理、总经理、集团副总裁、总裁。今天回想起来，还蛮有成就感的。一个人的成长道路是曲折迂回的，决定了他的性格，性格决定人生、性格决定命运。我曾经在求学的路上，作过旁听、夜校、家教等学生；上过函授、脱产非脱产等，从没有放弃过任何一次学习机会；充分利用节假日，利用一切可以利用的有效时间来读书学习，还特别善于利用各种机会向高人学习。几年来，我先后参加了清华、北大、人大、同济以及长江等国内15所名牌大学以及商学院举办的MBA、EMBA、CEO、CFO等各类培训。只有终生不断学习，才能成为真正强者，未来的成功是属于学习力强的竞争者、开拓者。学习有书本知识和社会实践两种方法，社会实践更重要，我们团队所有的管理经验，大多来自强大的社会实践。在社会实践中体会、感悟人生的真谛。

记　者：听说您身兼数职，只要不出差，总是每天第一个到集团上班的人。为了解被动房知识，由于赶时间，专程在飞机场停留1个小时与行业权威王臻会晤，听他讲解被动房技术。这一举动深深感动了王臻，心甘情愿作园区的技术顾问。

周炳高：王臻是业内我非常尊重的一位老大哥。我经常组织各大名校EMBA班的同学到三建来感受被动房，一是为了共同分享被动房的功能；二是感染他们去开发建设被动房；三是让他们传播被动房的理念与文化。为了使园区能够达到国内领先水平，满世界求师寻医了解被动房知识，曾到秦皇岛在水一方参观被动房无数次，并聘请王臻、清华大学设计院建筑师为技术顾问、专家委员，同时与住房和城乡建设部科技与产业化发展中心合作，成立被动房产业园区指挥部。在各位前辈的精心照顾下，承蒙大家的抬举，使被动房园区有了今天的成绩。我从心里感谢我们的团队、专家、教授以及德国能源署的国际友人石特凡先生。我的感悟是，为了不被时代淘汰，力争站在时代前沿，作新时代的标兵，分秒必争抢时间去战斗，在学习道路上，永远是新起点、新征程。

新格局　新状态

记　者：听说您在建设园区初期，遭到了众多质疑和反对的声音，面对不理解、嘲讽等重重压力，会用怎样的新格局、新状态应对？

周炳高：首先要说服自己，问自己到底要什么？一是中央有政策；二是利国利民；三是对企业有好处；四是改变中国的建筑命运；五是竖起建筑丰碑；六是节约能源，改变经济增长方式；七是减少建筑垃圾；八是开启被动式绿色节能建筑新时代。下决心，拼老命也要干。我到处筹集资金，截至目前，已累计投资近 1.8 亿元，心里也担心过，失败了怎么办？但没有时间停下来，只有往前冲。人，越想有钱，越没有钱；越怕失败，越失败；越在乎压力，越自卑；越不在乎，越斗志饱满。失败也没有什么了不起的，当一个人面对挫折失败时，只要不气馁，认真总结经验，客观冷静地分析事物发展的原因结果，慢慢地重新策划，还会反败为胜。周围的人都不理解，甚至说我疯了，那也要坚持最后一口气不停去学习、去追求，用实际行动一步步感动周围的人，那就是通往成功大道的开始，还会在干的同时重新找到新的定位与方向。在压力面前连哭的时间和勇气都没有，只有咬着牙召集天下建筑建材英才、被动式专家、学者走进三建，研究对策，共同打造被动房绿色节能建筑新园区。

记　者：目前，园区内高楼耸立、绿树茵茵，小河潺潺，再加上高科技的新型被动式建筑，平均每月参观学习的人次达 300 人以上，而且全国、省市、团体会议不断，有何体会？

周炳高：园区主楼大厅采用高科技手法，运用三维投影大屏幕循环播放三建研发被动房的发展历程，整个展厅全面记录了超低能耗建筑的相关知识、政策、法规以及运用特点。房屋内硬件、装饰达到星级饭店标准，室内空气达到恒湿、恒氧、恒温、恒静。大楼开业以来，共举办国家级大型会议 5 场，江苏省会议 6 场，南通、海门市的会议 25 场。现在，前来与我们合作被动房开发建设的朋友络绎不绝，我们信心百倍。下一步，要在全国各地复制园区的成功经验，以园区为实践体验中心，建立强大的全产业链互联网服务平台体系，迅速在全国范围内掀起被动房开发建设的热潮，为开发被动房项目的城市和单位提供全方位的服务，为我国的被动房产业发展再续新篇章。

采访感言

建筑丰碑

■ 张 华

6月的江南，春色怡人，南通三建被动房绿色产业园区迎来了“2017年中国被动房产业联盟大会”，新上任理事长周炳高以东道主的身份邀请了全国各地乃至海内外300多名专家、教授光临园区，亲身感受被动房与江风海韵形成的独特魅力，人们纷纷点赞：“建筑丰碑”。

走进绿色园区文化中心，人们情不自禁赞叹：三建人的气魄和高效的速度、20万m^2园区的艺术造型、美丽的场景。她既体现了三建人“特别能吃苦、特别能奉献、特别能战斗”的伟大精神，也折射出了江南才俊深厚的人文历史底蕴。

绿色园区不仅引人遐想，启迪人们的心灵，更激发人们热爱土地、热爱家园的热情，让人如同置身于美丽乡村的童话之中。上午，与会者在满满的会议室里听了周炳高做了题为“被动房未来发展展望”的专题演讲分享，整个会议长达3个小时，没有开窗户，也没有开空调，会场内听不见来自室外的噪声，没有缺氧、犯困现象。人们在被动房清新的空气中，感受绿色节能新建筑的新时代魅力。

中午，与会者在地下餐厅就餐，温度湿度宜人，让人感到浑身清爽，好似刚刚沐浴后的感觉，明显感到比普通房屋舒服。

记者忍不住问了很多与会者，昨晚在被动房里休息得如何？有的说“特别解乏”、“特别爽”、“很美”，有的还说“不想走”、“我再住两天”、“回去我也要干被动房”、“我要去改造我的家乡”等，总体就是一个“好”字。

目前，该园区几乎天天有人参观学习，作为全国第一家集被动式厂房、办公楼、标准住宅等于一体的产业园区正式运营生产，标志着南通三建走在了我国建筑业转型升级的前沿，向绿色、低碳、环保的新型建筑产业化道路迈出了坚实的步伐。周炳高说，在实际运营工作中，园区的主导精神就是抱团互动共同发展，以园区为实践体验中心，建立强大互联网平台体系，帮助一些正在起步或准备起步以及正在进入的单位，共同成长，共创辉煌！

雄伟壮观的产业园区在周炳高的高瞻远瞩下，正以高昂气势，意气风发走进被动房新时代。绿色园区像一颗璀璨的新星普照江海门户，辐射大江南北，吸引着世界各地的朋友，也充分展现了三建人敢于实践、勇于冒险、大胆探索的伟大精神。

毋庸置疑，被动房绿色园区具有节能环保、领先世界、超低能耗标志建筑。她将承载着中国建筑文化变迁、发展，屹立于世界东方，也是我国供给侧改革时代，迎来的新一轮绿色建筑革命，中国被动房时代标志之一。

我们坚信：不远的将来，“三建被动房”也会像“南通三建”的名字一样，响彻海内外。这在中国建筑史上也是一个新的里程碑、新的纪元。让我们共同扛起被动式绿色节能建筑新大旗扬帆远航吧！

行业花絮

江苏深入发展被动式超低能耗建筑

南通三建成为领跑者

本报讯（记者张华报道）由江苏省住房和城乡建设厅主办的全省被动式超低能耗绿色建筑工作推进会近日在海门光华国际大酒店召开，来自被动式建筑相关部门和企业的代表及国内外建筑节能领域的知名专家，共计156人汇聚“状元福地”，共谋江苏省深入发展被动式超低能耗建筑之路。

江苏省住建厅建筑节能与科研设计处处长唐宏彬、副调研员韦伯军，省住建厅科技发展中心总工程师王然良等领导出席会议，海门市委常委、市人民政府常务副市长施渠平到会并致欢迎辞。

随着建筑节能工作的持续深入推进，被动房作为更高的节能标准被引入国内并逐步落地推广，对全面提升建筑能效水平、促进节能减排，发挥了重要的示范引导作用。

近几年来，江苏省逐步开展了适宜该省气候区的被动式超低能耗绿色建筑的试点应用，并取得了显著成效。此次大会旨在积极推动江苏省被动式超低能耗绿色建筑工作深入发展。

会上，南通三建集团总裁周炳高应邀作了《被动式建筑技术全产业链，推动行业可持续健康发展》的主题发言。周炳高对集团公司的行业地位、发展历程、业务格局、战略布局等一一作了介绍，并重点说明了南通三建被动式建筑产业园的发展情况，被动式与装配式集成技术、被动式与木结构集成技术全产业链的建设情况，被动式建筑工程总承包业绩和被动式建筑未来的发展趋势等。周炳高指出，今年2月6日，中共中央、国务院下发《关于进一步加强城市规划建设管理工作的若干意见》，提出“提高建筑节能标准，推广绿色建筑和建材，发展被动式房屋等绿色节能建筑”的明确要求。南通三建率先响应国家号召，积极敏锐把握国家产业导向和建筑业发展方式加快转变的契机，大力发展以被动式超低能耗绿色建筑为主导方向的新型建筑产业，让中央及各部委的系列文件精神落地生根，受到各级领导的高度肯定和社会各界的广泛关注。周炳高建议各个城市、地区、园区、社区制定近期与中长期目标规划，特别是在医院、办公楼、既有建筑节能改造方面，通过示范项目引领，实现绿色节能建筑技术升级。南通三建愿意从研发、设计、生产、施工、运营维护等方面，提供全程技术支持，让不同的群体都能享受到被动式超低能耗绿色建筑带来的节能、环保、低碳、健康、舒适的人居环境。周炳高表示，要通过深度优化、集成、整合建筑行业优质资源，形成产业联盟，以精益求精的工匠精神，不断研究、探索、开发、制造绿色建材、新型建材；通过技术创新，降低成本，使产品本土化，适应中国国情，让市场和行业接受，最终让普通百姓接受，精准建造受老百姓欢迎的高品质“中国好房子”。

唐宏彬对江苏省推进被动式建筑的下一步工作提出要求。他表示，江苏省住建厅一直重视被动式建筑的建设发展，从去年开始，省级建筑节能引导资金把被动式超低能耗绿色建筑作为支持重点，除了单项工程示范外，也是绿色建筑区域示范创建的主要任务之一。目前，江苏省虽然确立了一批被动式超低能耗建筑项目示范，但总体推进还较缓慢，建设被动式建筑的积极性还不高。唐宏彬代表省住建厅要求各地要加强认识，在组织实施好现有被动式建筑示范的同时，进一步加强宣传引导，发动一批示范项目。特别是近两年获批的省级绿色建筑示范市、县、区都有创建被动式建筑的相关任务要求，这次到会的相关负责同志回去后，要加强对辖区内项目建设单位的宣传，引导他们积极创建被动式建筑的试点示范，建造出具有江苏特色的被动式超低能耗建筑。

会议当天，全体代表在南通三建总裁周炳高、总工程师顾洪才的陪同下，来到位于悦来镇的南通三建被动式超低能耗绿色建筑产业园现场观摩，先后参观了被动式门窗生产线、EPS 保温模块生产线、被动式样板房、装配式 PC 构件生产厂以及正在搭建的木结构被动房。在江苏省首个完全采用被动式建筑技术标准进行设计、施工、验收和维护管理的公共建筑——南通三建集团公司技术研发中心大楼内，与会人员认真倾听了周炳高的详细讲解，参观了该集团的企业形象展厅和建筑产业化展厅，亲身体验了被动房带来的健康与舒适。省厅领导赞赏南通三建已成为“被动式全产业链综合服务商”，勉励南通三建要站在科技创新的前沿，以全球的眼光，将被动式与装配式集成技术、被动式与木结构集成技术融为一体，齐头并进，在全省做好表率示范，使江苏先进的被动式超低能耗绿色建筑技术走出国门，走向世界，成为全国建筑行业的开拓者、先行者、领跑者。

第九篇

东博铝业

中国建材报

吹响被动房新型材料供给侧改革号角

——营口东博铝业有限公司创新发展纪实

企业家的新时代

访谈录— 东博铝业

吹响被动房新型材料供给侧改革号角

——营口东博铝业有限公司创新发展纪实

围绕中国被动房是如何走入新时代，引领行业发展，向世界展示新形象，提高国人话语权等话题，本专版将从2018年1月份开始陆续报道那些走在前列的生产制造企业的实践和探索，全面展示他们是如何推动行业发展，实现被动房产业在中华大地的普及与应用。

■本报记者 张 华

中国绿色建材如何更好地适应新时期，满足人民群众的美好需求？生产制造企业未来发展的新路径、新模式是什么？产品质量提高、增效应该依靠什么？中国制造还有哪些期望？新年伊始，记者走进辽宁省营口市东博铝业有限公司（以下简称东博铝业）生产制造军营中，亲身感受被动房新型绿色节能建材面临的新环境、新问题、新机遇、新力量等进行现场实地采访。

几年来，东博铝业潜心实践，大胆探索生产制造的建筑型材、装饰材料、系统门窗、部品配件、产品深加工等高端化超低能耗绿色节能新型建材，走在时代前列，为我国供给侧结构性改革提供新经验、新路径。

开创中国式系统门窗制造先河

在东博铝业厂区，记者看到一排排高端化生产流水线，崭新耀眼。新一轮科技革命和产业变革正在我国渤海圣地——营口市蓬勃兴起，新一代信息技术与制造业深度融合发展的路径正在向新时代走来。

东博铝业是一家以新型集成设计、生产、安装、制造、服务于一体的铝业公司。目前已由年产量3000余吨发展到年产量1万余吨。由只能承接加工生产到自主研发的实体企业。东博铝业在短短的 5 年内，在董事长李兆生的带领下，本着对行业的坚守和热爱，共同走上了超低能耗被动式建筑、建材研发生产建造发展道路。

东博铝业生产制造系统门窗、隔热型材、门窗、彩色喷涂型材、铝合金隔断型材等相关绿色节能建材。系统门窗是东博铝业的主打产品，有 DB55、DB60、DB70 等 31 种型号。其功能作用显著突出，有节能、环保、防止结露的特性，导热系数 K 值可达到 1.5 以下，有效地阻止了门窗室内外的热量传导，可节约能源 75% 以上，而且门窗室内表面温度与室温接近，降低了室内因水份过饱和而产生的门窗结露现象，有高保温隔热的功效，保持了铝合金易挤压成型、抗腐蚀、经久耐用、质轻等优点，具有降噪、隔声、隔热、智能等性能。该产品属于高端化产品，处于行业领先地位，未来建筑、装饰业的主导产品。

李兆生说，系统门窗作为国内建筑行业的高新产品，有人把它称作“开窗机”或“开窗器”，国外一般称作“开窗器”，国内大都叫作“开窗机”，也叫“智能电动门窗”，是现代门窗行业，被动房建筑领域的首脑机关，也是未来建筑的必需品。东博铝业做系统门窗有以下几点意义：一是通过生产制造，为绿色建筑、建材营造一个健康舒适的环境；二是减少室内暖气和空调的能耗；三是减少维护和运营成本；四是保护建筑结构和装饰装修结构免受空气中自然出现的污染、甲醛等气体；五是适应和满足被动房建筑需求，为我国供给侧改革做贡献；六是节能、低碳、环保。

目前，东博铝业系列化建筑、建材高端化产品在国内众多项目中得到了成功应用与推广。在富邦一品、月星国际、大连绿城、长河月湖、首山新村、万科网点、全运村大学城、浑南建筑大学城、星河小镇、哈尔滨万达、通辽碧桂园、包头碧桂园、兴安碧桂园等项目中得到了成功体验。有客户评价：“开创了中国式系统门窗制造先河。”

改变技术含量　提高增效方式

绿色节能型材及系统门窗可以从标准规范、技术含量入手，改变经济增长方式，以前企业靠单一的销售产品模式实现利润最大化，现在可以通过技术生产节能指标改变盈利模式，实现利润最大化。系统门窗在制作上既要考虑到玻璃，也要考虑到窗框。其中，聚酯系列门框可以通过技术创新，改变省取很多材料，达到轻便，耐用，便用安装等效果。绿色节能型材及系统门窗每年生产技术总节能指标比原来提高 35.6%。

东博铝业幕墙系统在制作工艺上，改变了过去的简单技术含量，以特殊断面的铝合金型材为框架，玻璃面板全嵌入型材的凹槽内，把铝合金型材本身兼有的骨架结构和固定玻璃进行双重改革，这样既考虑幕墙特点与建筑物寿命的关系，又在立柱截面主要受力部位增加厚度，符合铝型材截面开口部位的厚度不应小于 3.0mm，闭口部位的厚度不应小于 2.5mm；型材孔壁与螺钉之间直接采用螺纹受力连接，使幕墙的寿命工艺达到了极致，并显得高雅、美观。

东博铝业大胆改造隔热型材生产方式技术，采用隔热条材料与铝型材，通过机械开齿、穿条、滚压等工序形成“隔热桥”，称为隔热型材“穿条式”。其次，把隔热材料注入铝合金型材的隔热腔体内，真正实现了隔热目的，既通过隔热条切断了热的直接传导，又通过中间的隔热材料阻断了热的对流与辐射，大大提高了隔热型材本身的隔热性能。隔热型材的内外两面，可以是不同断面的型材，也可以是不同表面处理方式的不同颜色的型材，但受地域、气候的影响，避免因隔热材料和铝型材的线膨胀系数的差距很大，在热胀冷缩时二者之间产生较大应力和间隙，同时隔热材料和铝型材组合成一体，在门窗和幕墙结构中，同样和铝材一样受力。因此，要求隔热材料还必须有与铝合金型材相接近的抗拉强度、抗弯强度，膨胀系数和弹性模量，否则就会使隔热桥遭到断开和破坏，因此，隔热材料的选用非常重要。

系统门窗与普通门窗在生产技术上存在明显区别，一是系统门窗更加规范了门窗的加工制作工艺、更加注重细节，保证了每樘门窗的性能达到国家标准要求；二是系统门窗可实现智能开启解决系统门窗常现的问题，提高门窗性能；三是系统门窗有特殊专用附件，提高门窗的密封性能，让门窗无缝隙；四是系统门窗专业的结构设计提高了门窗的抗风压性能，让门窗更安全；五是系统门窗专业的特殊 x02 注胶工艺，让门窗的水密性能大大提升，保证门窗不漏水；六是系统门窗可根据五金件的变化，实现多样开启功能；七是系统门窗可安装新风系统，实现室内外空气交换；八是系统门窗具有更专业化、多元化、多样式的特性，保证门窗的多元素设计得到满足；九是通过使用系统内不同的体系和玻璃面板的调整，达到了被动房用窗标准。

满足消费者高端化需求

关于系统门窗的性价比，李兆生说，以前老百姓关注的侧重点是价格，现在大部分群众已把关注点放在了健康、质量问题上。高端化产品开始走进千家万户，大多数人认识并购买高质量的门窗，注重门窗质量的人越来越多，而对门窗的专业性能要求方面的了解却不多，初始消费意识形态中就认为高质量门窗就等于高性能的门窗。现在随着生活质量的不断提高，人们对住宅质量与性能有了明确要求，建筑门窗的节能性能、安全性能、隔音降噪、防晒、舒适度、耐用度越来越多地受到重视。在购买建筑门窗产品时除了注重门窗明显部位如铝材、玻璃、配件等的质量外，相对更注重门窗的环保、保温、耐用等综合性能的实现。

随着系统门窗越来越被认可，系统门窗市场逐步扩大使其综合成本越来越低，其价格比高质量的普通门窗大致贵200元/平方米左右。系统门窗虽然比普通门窗稍贵一些，但是分摊到房价每平方米的成本还是非常有限的。东博铝业在铝材销售旺季，售量供不应求，更多的客户从互联网知道，从而进一步了解东博铝业，来厂参观考察，直到最后下订单，每一位来东博铝业的客户都是满意而归，并且希望与东博铝业达成长期合作。东博铝业全体员工也正以饱满的热情、诚实守信的原则，郑重向广大用户承诺：质量第一、时间第一、效率第一、服务第一。

东博铝业系统门窗，是一个性能系统的完美有机组合，需要考虑水密性、气密性、抗风压、机械力学强度、隔热、隔声、防盗、遮阳、耐候性、操作手感等一系列重要功能，还要考虑设备、型材、配件、玻璃、粘胶、密封件各环节性能的综合结果，缺一不可，最终形成高性能的系统门窗。

适应新行业新市场要求

根据被动房的建筑标准体系，门窗的整窗传热性能要达到0.8W/（㎡·K），气密性能要做到国标8级以上。被动房门窗需要合理的安装设计才能实现防水、气密、保温的目标。门窗的质量和性能是被动房屋品质的重中之重。以往新楼盘入住后，70%的投诉和报修是针对门窗的，多数是门窗开启不灵、结露结霜、漏风渗水等问题，从技术角度讲，就是门窗的生产安装质量、保温性能、水密性和气密性等方面出现问题。要求外窗的产品性能配置高，门窗能耗约占建筑能耗的一半。因此，门窗保温性能是被动房项目的关键，要求外窗的安装和配套技术好，被动房外窗除了对产品性能配置要求高，在安装结构上，还要求不能出现安装冷桥并保证密封性能。

针对以上问题，李兆生强调，被动房用窗与外墙保温层安装需在同一垂直位置；外窗与洞口的金属连接件采用隔热处理技术；外窗与洞口间隙采用自粘性的预压自膨胀密封带，这种密封带比传统的聚氨酯发泡填充物安装简便，可在窗框出厂前就预先粘好，用于门窗和墙体及保温板接缝的密封，也可用于墙体接缝的密封；而窗框与外墙连接处采用防水膜密封系统，室内侧则采用防水隔汽密封布，室外侧使用防水透气密封布，这种构造比传统的窗洞口密封性要好得多。这类密封布应具有不变形、抗氧化、延展性好、不透水、寿命长等特点。密封布含自粘胶带，能有效粘接在窗框或副框上，再通过专用粘结剂粘结在墙体上；窗台设置金属挡水板窗台板应有滴水线构造；窗台板的作用是保护保温层不受紫外线照射老化，导流雨水，避免雨水侵蚀和破坏保温层，保持窗台的干净整洁；窗框与保温系统间安装塑料连接线条，这是一种由密封条和网格布构成的材料，安装后实现柔性防水连接，保证构造无裂纹；李兆生同时表示，外窗洞口上边沿部位安装塑料滴水线条这种塑料线条带加强网布和滴水线条，可以减少外墙立面污水流入屋檐部位或流到外窗表面。

让外国人抢着来代理"中国制造"

前几天，李兆生在微信上给记者传来了一张与来自非洲的企业家在东博铝业厂区参观的照片，记者开玩笑说，东博铝业门窗已走入了非洲市场。李兆生说，过去，我国人民以代理外国产品、合资企业为荣，现在我们可以很自豪地让外国人争着抢着代理中国产品进行销售，这才是真正意义上的供给侧改革。东博铝业门窗要让世界上很多国家的企业来抢着代理销售。

目前，东博铝业运用独特的销售网络已把业务发展到了国内20多个城市，并得到广大客户和使用者的喜爱。并先后与温格润系统公司、乐道公司签订了战略协议，展开全面合作。李兆生也被聘任为中国被动式集成房屋材料产业发展联盟副主席，营口东博铝业有限公司也成为中国被动式集成房屋材料产业发展联盟的常务理事单位。

东博铝业汇聚了国内优秀的设计和营销人才，组成了系统开发设计与服务团队与营销团队，搭载国际先进设计理念的"航班"，由上世纪末铝型材行业"内贸销售商"、21世纪初传统的"工业品制造企业"，迅速转型跨步迈向"技术创新型工业创造家"的行列，踏上了新征程。

目前，可喜的是，海外不少跨国公司自动找上门来与东博铝业战略合作，要求代理东博铝业门窗在本国运营销售。此外，有些外国人通过考察研究后，要作为投资企业参与东博铝业供应链上下游合作伙伴，并肩携手作战，共同铸就辉煌大业！

采访感言

企业家的新时代

■ 张 华

十九大报告中强调：激发和保护企业家精神，鼓励更多社会主体投身创新创业，建设知识型、技能型、创新型劳动者大军，弘扬劳模精神和工匠精神。

2017年9月26日，中共中央、国务院印发了《关于营造企业家健康成长环境弘扬优秀企业家精神更好发挥企业家作用的意见》(以下简称《意见》)，引发了社会的广泛关注，使广大企业家倍感温暖。

采访营口东博汇丰铝业公司董事长李兆生。他说，今天，政府明确了企业家的发展方向、人生目标，为我们心中指明了前进道路，足够让我们在这块肥沃的土地上大展宏图，奋力拼搏，生产制造出大国一流产品，引领世界，向全球亮剑！

原住房城乡建设部党组成员、纪检组长、总工程师姚兵说，《意见》是对企业家在社会经济发展中地位的高度肯定。企业家对市场经济、改革开放、社会经济发展道路起着不可忽视的重要推动作用，也是社会经济发展的源泉与动力。

《意见》中提出：营造企业家健康成长环境、弘扬优秀企业家精神、更好地发挥企业家作用。企业家在社会经济健康发展道路上的作用毋庸置疑。提高企业家社会地位，是紧扣供给侧结构性改革的主旋律，稳中求进求发展的新举措、新理念。

改革开放40年以来，我国一大批优秀企业家在市场竞争中摸爬滚打、坚守堡垒、奋力拼搏，充分展现了企业家们的非凡毅力、坚强精神、超常胆识、高度人格、广阔胸襟等，为人类社会经济的进步，知识财富的积累，为社会就业平台的创造，为促进社会经济文明和社会精神文明同步发展作出了不可磨灭的贡献，为增强社会综合国力作出了重大成就。

企业家是时代领跑者、社会活动家、实践者、创造者、开拓者、见证者。国家通过建立新企业制度，创造了企业发展的新模式、新路径、新技术、新产品、新市场，对推动社会新行业、新产业、新业态蓬勃茁壮发展起到了应有作用，也为人类命运共同体发展提供了新活力、新动向。

社会之所以能够一步步往前发展，就是因为这些不安分、敢于挑战自我的优秀人物在不断推动。随着物质文明的进步与发展，企业家越来越被人们所关注、学习，企业家精神被弘扬、倡导。

企业家精神是调整社会市场经济发展与社会生产关系的重要因素之一，是我国新实体经济时代最重要的供给侧改革基础必备要件，是推动创造社会财富重要的核心标志与市场驱动力。无论是传统产业的转型升级，培育新行业的经济增长点，还是开发新产业新路径，都要具有创新和实际操作能力的实干企业家精神来引领、点燃。

改革开放以来，我国市场经济发展道路方向正确，一直处于蒸蒸日上的大好局面，部分企业家也通过自己的奋斗精神创造了财富，实现了自身的人生价值。

中央政府就提出“大众创业、万众创新”的理念，既可以扩大就业、增加居民收入，又有利于促进社会纵向流动和公平正义。就人们在创造财富的过程中，更好地实现精神追求和自身价值。使部分群体能够抓住机遇，在振奋人心中挖掘自身潜力，大胆自信地尝试和探索新行业、新路径、新征程。

《意见》中提出，三个营造、三个弘扬、三个加强等，为引领社会经济健康、有序发展提供可靠安全保障，为进一步深化供给侧结构性改革注入了新动向，这也是所有企业家的期盼！

政府在制度、安全、发展上给予了保障，企业家吃了定心丸，就可以甩开膀子、撸起袖子加油干。这些新理念、新思想、新要求也必将成为激励鼓舞广大企业家以饱满热情、积极投身到决胜全面建成小康社会的伟大征程中。

第十篇

李国庆

中国建材报

生态+ 智能化被动房新路径

——访京冀曹建投公司总经理李国庆

坚持与韧劲

访谈录 — 李国庆

生态 + 智能化被动房新路径

——访京冀曹建投公司总经理李国庆

李国庆（左二）、史锡强（右一）向王臻（左一）、记者张华（右二）介绍被动房开发建设状况

■本报记者　张 华

十九大报告提出：加快生态文明体制改革，建设美丽中国。

近日，由京冀曹妃甸协同发展示范区建设投资有限公司（以下简称京冀曹建投公司）承建的北京（曹妃甸）现代产业发展试验区产城融合先行启动区——首堂 · 创业家（以下简称创业家）项目，在渤海湾圣地——河北省唐山市曹妃甸新城巍巍崛起。目前，以国内最大 15 万 m^2 高端被动房亮相；被住房城乡建设部评为 2017 年被动式超低能耗绿色建筑示范工程，并纳入北京市超低能耗建筑示范项目范围；被中国住交会组委会和中国房地产主流媒体联盟共同评为“CIHAF2017 年度十大绿色项目”；京冀曹建投公司被评为“CIHAF2017 年度绿色先锋企业”。引起社会各界的强烈关注。

新春伊始，记者受秦皇岛“在水一方”中国被动房先驱王臻的邀请，来到曹妃甸现场实地采访了该项目的发起人、京冀曹妃甸协同发展示范区建设投资有限公司总经理、高级工程师李国庆。

天然资源 + 被动房新理念

隆冬时节，创业家在残雪的笼罩下熠熠生辉，尽管室外 -10℃左右，室内在没有传统暖气的情况下，温度却达到 23 ~ 25℃之间。

创业家在美丽的赤云河、橙霞河、黄霓河、绿珠河、青裳河、蓝玉河、紫鹃河等七条天然河流簇拥下，蓬荜生辉，其中绿珠河从北到南贯穿这个园区，全面结合海绵城市理念建造而成，形成雨水变清澄河流的天然景色。临河两岸是三层联排、四层叠拼低密度住宅及片片绿化带、大型会所展厅等；河东岸是一片绿化带与高层社区、部分配套设施等。清澈、恬静、湿润的海风与被动房的恒氧、恒湿、恒温、恒静、恒洁形成天人合一的新居住理念。

园区展厅高 9.5m，建筑面积 2100m^2，大厅雄伟壮观、格调高雅，内设有规划厅、绿色建筑展示厅、被动房技术馆、体验馆、材料展示馆等。大厅内有长 3m、宽 2m 的滚动三维大屏幕投影仪，正在循环播放《首堂 · 创业家项目介绍》。

大厅中间的沙盘前，李国庆温文儒雅地向记者介绍了此项目被列为 2017 年住房城乡建设部科技示范项目的经过，以及未来发展规划和理念。据介绍，项目建成以来全国各界人士纷纷前来参观学习，平均每星期达上百人次；新华网、人民日报、经济网、腾讯等多家媒体已报道相关事件；中央部委机关、企事业单位相关领导前来参观、体验并指导工作。截至记者发稿之日，该园区房屋已售推出总量的 60%。

智能工艺 + 被动房新概念

展厅技术馆内展示着被动式墙体与门窗建造模具、标本等建筑材料。记者在展厅样板间看到客厅悬挂的显示屏上显示：客厅、主卧、次卧、厨房、卫生间等字样。据介绍，这个显示屏叫三 / 四合一控制器，可在室内面板直接操作，也可用手机 APP 远程控制操作。用户可自主设定各房间需求参数，当房间内达到设定参数时，房间风口和机组自动开启和关闭。如主人在外出差可在回来的途中，自主预热设定房间温度。记者在体验馆看到客厅悬挂显示屏，显示——温度：23 ~ 26℃；湿度：46%；PM2.5：35 微克 (μg)/m^3；CO_2 浓度：350 ~ 450ppm。处于这样高端舒适的环境里，记者忍不住体验了 1h 的午觉，感到全身轻松、愉悦，仿佛走进了天然氧吧的大森林……

创业家室内室外均采用LED节能灯具。楼道、电梯间、车库内采用红外感应自熄开关控制，各设备站房及公共房间采用多联面板开关控制，实现灯具部分或全部开关控制。

关于被动房入户前设置门斗减少室外气温对室内温度的影响，充分利用太阳能自然资源，降低由于电气、管线、开关、插座线盒的设计对隔声降噪的影响等问题，在设计和施工方面都进行了充分考虑和处理，同时把超低能耗建筑技术和基于“海绵城市”的雨水综合利用技术进行结合运用，把配备智能家居、远程安防控制、智慧社区服务、异地二套房住宅远程管理等安全系统进行有效处理解决。

创业家严格按照国家住房城乡建设部被动式超低能耗绿色建筑技术导则标准设计与建造，室内环境达到世卫组织健康住宅人居环境标准。厨房、卫生间的补风、气流平衡、排风等采用了专利产品技术。为切实掌握全年室内外环境运行状况，创业家建立了一套完整的超低能耗建筑监测平台，具有数据网络通讯、平台数据展示、集中数据处理等功能，可实现现场采集监测室内环境指标和能耗指标，主要包括外温度、湿度、二氧化碳浓度、PM2.5、噪声和内外墙、窗框、玻璃等表面温度数据；室内照明、空调风机、新风、家用电器回路的用电量数据，可为后期研发和设计提供真实的检测数据。

李国庆说，通过与该地区75%节能居住建筑能耗对比分析，冬季，被动式房屋室内产生的热量得到了最大限度的保存与利用，加上配置的高效新风热回收设备，年供暖能耗需求远远低于该地区现行节能居住建筑标准。小高层、联排和叠拼建筑供暖、空调综合节能率分别比75%的节能标准要多节能53.3%、51.9%和52.0%，整个项目综合节能率超90%。

教育基地+被动房新格局

让被动房走进校园，在创业家建造了全国首家零能耗被动式幼儿园。目前，曹建投公司已与全国重点名校北京景山学校曹妃甸分校达成战略协议，优先招收业主适龄子女就读。唐山工业职业技术学院、华北理工大学、河北科技学院、曹妃甸职业技术学院、唐山实验中专等院校已陆续落地曹妃甸新城；被誉为“中国匠谷”的北京（曹妃甸）国际职教城，已建成70万m^2校舍。

这些承载着家庭和社会希望的院校，共同创造了曹妃甸“速度一流”的桂冠。依据联合国教科文组织签署的协议，这里将设立世界职业教育培训基地，与引领建筑新潮流的被动房技术相叠加，将是实现人类命运共同体发展的有效途径之一。

特色小镇+被动房新气象

李国庆从容地说，创业家先进的示范引领作用直接带动了曹妃甸新城的再次腾飞。

恒大、富力先后进驻新城投资建设“恒大滨海健康温泉小镇项目”已落地，并开工建设以温泉主题为核心，结合健康养生、休闲运动、海洋旅游和儿童世界等元素，打造业态丰富的亲水、生态、复合型多功能小镇。

富力集团开发建设的“富力·海时代”生态小镇项目，正在积极筹备，规划建设以海洋文化为主题，整合自然景观、自然文化资源，打造以海洋文化为主题，旅游度假、湖心营地、文化体验等功能为一体的滨海休闲生态小镇。

京冀曹建投公司目前正在筹划“中国绿谷—京冀协同发展示范区绿色建筑特色小镇”，小镇初期规划 5.5km^2，其中产业先行启动区规划 2.4km^2 作为绿色建筑产业园，产城融合先行启动区北区规划 3.1km^2 区域作为绿色建筑示范园。在绿色建筑产业园重点布局绿色智能家居产业、装配式产业、科技节能产业、智能制造设备产业为绿色建筑示范园提供绿色建材支撑；绿色建筑示范园作为产业服务核心区及产城融合城市生活配套功能区重点规划研发中心、展览展示中心、科技馆、绿色科技建筑培训基地、举办全球绿色科技住宅产业展览会和绿色建筑材料博览会、绿色科技建筑高峰论坛，以及全部采用绿色节能低碳建筑技术为产业园人群提供生活居住、休闲娱乐的舒适空间。两个区域相辅相成、相互依托、相互支撑，实现以城促产、以产兴城、产城融合的示范引领模式。中国绿谷特色小镇将形成京津冀地区规模最大、种类最全、技术先进、实力较强的绿色科技建筑产业集群，致力于建成国家级绿色科技建筑特色小镇、国家级绿色建材产业基地，辐射京津冀，服务雄安新区。

旅游产业 + 被动房新方向

在曹妃甸新城 4A 级国家风景旅游区的基础上，配合地方政府，联合多家企业打造城市计划建设海中浴场、湿地公园、体育中心等群体性项目，游艇俱乐部、国际游轮母港等高端市场项目，并配套建设主题广场、主题公园、会展中心、主题酒店等基础服务设施和接待设施。龙岛旅游项目正在抓紧建设，增设海洋乐园、高尔夫球场、水上运动、渔港小镇等数十个旅游休闲项目，把龙岛打造成全国乃至国际高档的旅游休闲目的地，从而带动地方经济的高速发展。

被动房 + 旅游，犹如明珠宝塔在渤海升起，既是建筑丰碑，又是一道亮丽的风景线，既改变新经济增长方式的新路径，又同时推动我国旅游供给侧结构性改革的新方向。

“一带一路”+ 被动房新征程

目前，曹妃甸已成为我国“一带一路”重要坐标地之一，将承载着中国贸易物流市场走向国际大通道。被动房园区再助渤海雄威，锦上添花，谱写健康、舒适、节能、低碳、绿色新建筑篇章，为我国“一带一路”重要交汇点筑就新建筑丰碑，像闪烁的明珠屹立世界级“深水大港”“渤海圣地”—— 曹妃甸。她将标志着我国经济贸易区与被动房绿色节能建筑深度融合发展的新征程。

首钢精神 + 被动房新作为

2015 年 1 月 29 日，由首钢集团有限公司和曹妃甸当地国资企业合资的京冀曹妃甸协同发展示范区建设投资有限公司在曹妃甸工商注册设立，初始注册资本金 10 亿元，目前已增资至 20 亿元，首钢占比 67%。

京冀曹建投公司负责的示范区开发面积为 110km^2，其中包括 100km^2 的北京（曹妃甸）现代产业发展试验区和 5.5km^2 产业先行启动区（位于工业区中日生态园内），以及 4.6km^2 产城融合先行启动区（位于曹妃甸新城）。

李国庆秉承首钢企业精神一路走来，由于职业的敏感，对建筑有着特殊情怀与判断。他认为当下推动传统建筑模式转变、大力发展绿色节能建筑迫在眉睫。

李国庆带领团队经过多方考察、科学论证、理性分析。他先是在上海一家公司发现绿色健康住宅，当时眼前一亮，随即召集领域内的精英、专家，借助国内外实际运行成功案例的咨询支持服务，迅速组成一个新团队，带着首钢人的精神踏上通往被动房建筑的新列车。

京冀曹建投公司经过一年苦干、学习、摸索，到 2017 年年底竣工 10 万 m^2。他们速度惊人，质量过关，面积最大，方方面面走在全国被动房前列，在行业内竖起了一面旗帜。李国庆说，这是首钢人勇于担当的精神职责所在，虽然冒有一定风险，但在欧美等地已经有多年实践，同时秦皇岛“在水一方”项目也提供了一个很好的实践案例，而且我们与秦皇岛的气候条件相当。人家能做，我们也一定能做，而且要做得最好。在项目实施过程中我们始终把质量放在首位，发扬工匠精神，打造高端精品。实践证明，方向是正确的，效果是凸显的。项目的建成为北京产业转移和非首都功能疏解人群提供了舒适、宜居的生活配套环境，引领了时代潮流，在深入推进城市化发展道路上，让人们在渤海湾圣地有一个属于自己心灵归属的美丽家园，为京津冀协同发展作出应有的贡献。

采访感言

坚持与韧劲

在事业的发展过程中，我最大的体会是，坚持与韧劲。我一旦决定了的事情，就坚持到底，无论遇到多大困难，坚持到最后就是最大的胜利。

在这个项目获得这些荣誉之后，我现在反思，当时如果我们哪怕有一点犹豫和保守，那都是做不成的。我们要是害怕失败，不冒风险，就盖传统的普通住宅，那我们所做出来的建筑就不会有示范效应，也不能带动区域绿色建筑的发展。

起初也有人质疑、反对我们干被动房这件事情。我们要说没有担心是不可能的，毕竟这是做企业，需要效益。如果产品卖不出去，人们不接受，风险就太大了。

我当时给自己的信念就是，做事不能半途而废，要相信坚持，选准路子，坚决不动摇。首先可以肯定这是一个大趋势，有引领效应，只有抓住这个大趋势，大胆朝着这个目标迈进，才能带领整个团队克服重重困难，走向成功。

令我们欣慰的是，经过实践检验，老百姓喜欢这种好住宅。真正好的东西是永远有市场的。

我们并不是房地产商，是一个实现政府目标的投资公司，是国企，确实不以挣钱为目的，我们有强烈的社会使命感。以低成本做更高品质的房子，都是国企盖的房子质量肯定是没有问题的，从材料、结构、设计、施工等方面都是精益求精的，当时我就提出：以工匠精神做样板工程、精品工程。

举一个定价方面的例子。国外是以使用面积作为销售面积，中国销售的则是建筑面积。被动房保温墙体厚度在 220～300mm，若按建筑面积作为销售面积的话，使用面积就会相应变少。而目前国家对被动房的相关规定上还没有明确的统一要求，在面积使用率上存在一定的问题。那么我们既要保证公司利益又要照顾消费者的利益，尽可能地综合定价。基本上按照非被动房的结构来确定的价格，决不让消费者吃亏。

我们不仅仅是在建造中国被动房，更是在推广超低能耗产业，唤起大众节能环保意识，从某种意义上讲，我们做的是一项社会环保工程，探索改变中国经济增长方式的一种途径，实现供给侧改革新路径。

被动房每平方米节约标煤 3.75kg，每平方米减少 CO_2 排放 10.43kg。整体来说，对于国家提出的“绿色经济”“美丽中国”“金山银山不如绿水青山”的理念高度吻合；对于消费者来讲，100 多平方米面积的房子全年采暖用电 800 元左右，经济性非常显著。

2017年的一天，华北地区刮起了最大的沙尘暴，当时室外PM2.5是700微粒，室内是50 微粒。前几天在首堂创业家被动房里测试，室外 -10℃，室内是 23 ~ 25℃之间，湿度是 46%。我本人有咽炎，但在被动房里居住，嗓子就很舒服。很多北京的朋友来看房子，无不点赞。首堂创业家九层花园洋房均价 10000 元 / 平方米；三层联排、四层叠拼赠送面积不等的车位、小院、地下室、阁楼，折合建筑面积均价也仅为 1.2 ~ 1.3 万元 / 平方米。

目前，全国存在对新一代节能住宅认识不足的问题，这也是社会问题。因此造成各级政府对其支持的力度不够大。如果我们国家目前对被动式住宅和装配式建筑一样的大力推广与支持，肯定是利国利民、利在当代、功在千秋的好事情。被动房健康、舒适、节能、绿色，对于提高人民的生活品质、品位有很大的帮助。

建议各级政府推广被动房有一个强制执行的要求，目前就住房和城乡建设部一家是远远不够的，必须发动全社会的投资开发、建设施工、规划设计、生产制造、培训装饰、媒体宣传等单位齐心协力，共同开启被动房建设道路，否则大面积推广普及应用被动房很难落实到位。

我们要在今后几年内，把 4.6km^2 产城融合示范区，作成“中国绿谷”，以装配式被动房新产业链为主导，走科研、生产、制造发展道路，打造一个世界级“绿色建筑示范小镇”，实现可复制、可推广，用实际行动成为打造低碳建筑的践行者！领跑者！

第十一篇

董志岩

中国建材报

被动房要走深度融合发展之路

——访辽宁省营口市何家沟滑雪场总经理董忠岩

“重在项目”

访谈录 — 董志岩

被动房要走深度融合发展之路

——访辽宁省营口市何家沟滑雪场总经理董志岩

辽宁省营口市何家沟滑雪场总经理董志岩

■**本报记者　张 华**

十九大报告提出：加快生态文明体制改革，建设美丽中国。

辽宁省营口市何家沟滑雪场利用天然的生态资源开发建设被动式绿色节能新建筑 + 体育特色小镇 + 旅游等产业深度融合发展，以此来展现美丽北国的新气象、新面貌。就其如何深度转型升级，促使生态、体育、旅游、建筑、文化、养老等产业全面发展等话题，2018 新春佳节之际，记者受辽宁省营口市住房城乡建设委员会村镇办主任胡颖、营口市东博铝业有限公司董事长李兆生等领导的邀请，采访了辽宁省群星集团党委书记、营口市何家沟滑雪场总经理董志岩。

被动房 + 滑雪场新格局

记　者：听说，您经历丰富，凭借自己的多年实战工作经验，几年来，不断创新优化滑雪场管理模式，使滑雪场取得非常不错的成绩。

董志岩：2013 年，何家沟滑雪场被评为国家 AAA 级旅游景区；2015 年，被辽宁省体育局命名为全民健身户外基地；2016 年被省体育局评为辽宁省首批体育产业示范单位；2017 年，被评为 2013～2016 年度全国群众体育先进单位；2017 年 8 月，被国家体育总局列为第一批运动休闲特色小镇试点项目；已先后承办七届“辽宁省冰雪温泉旅游节”“辽宁省百万市民上冰雪系列活动”“辽宁省趣味滑雪比赛”“辽宁省大众滑雪系列赛”“营口市市民上冰雪、青少年未来之星冬季阳光体育大会”“营口市五人制冰雪足球赛”“辽宁省公益滑雪训练营活动”等。2017 年，赞助支持了由中国足球协会主办的营口市何家沟滑雪 · 第 25 届中华杯 D 组足球赛，何家沟越野摩托车队参加了内蒙古通辽举办的越野摩托车大赛等。

记　者：成绩不错。据说咱们的“体育运动休闲特色小镇”正在申报发改委“千企千镇”工程，目前，准备的情况如何？

董志岩：何家沟体育运动休闲特色小镇可规划面积 3.9km^2，可开发利用的半山地红线范围面积 2.5km^2，可适宜征地开发利用的平地面积约 1.6km^2，周围群山环抱呈马蹄形。其中何家沟滑雪场总面积 20 万 m^2，目前何家沟滑雪场已经形成冬季滑雪、夏季户外拓展运动集训为主的旅游项目群，山体滑雪场 15000m^2 左右，拥有滑雪运动设施高、中、初级滑雪道共 4 条，雪场拥有两条缆车包括：双人缆车、四人缆车在内，还有三条魔毯、儿童戏雪乐园和单板公园各一处、具有较强的运载接待能力。另设有室外五人制笼式足球场，滑冰场、室外高空拓展设施、军事洞穴体验线路、水库溜索、攀岩墙、丛林真人 CS、摩托车越野训练场、哈雷训练场。每年接待游客量 10 万人次以上，是辽宁省著名的旅游及滑雪运动胜地。

记　者：在此基础上，如何利用这些生态资源深度转型升级向被动房市场进军呢？

董志岩：首先与辽宁营口东博铝业有限公司合作，用他们的被动式集成房屋，在利用规划区内天然的生态环境、体育资源、温泉资源、地形地貌等优势条件，建设一批独具特色的房车营地、树屋营地、集装箱营地、帐篷营地、山顶餐厅等被动式绿色节能建筑，与各项资源紧密结合，增加游客的体验感。

被动房＋温泉淋浴新思路

记 者：请讲讲天然温泉与被动房的衔接。

董志岩：何家沟滑雪场位于辽宁省营口经济技术开发区东部红旗镇何家沟公园内，处于群山屏蔽的沟谷地带，得天独厚的地理环境使它成为东北地区的优秀滑雪场之一，天然的沟谷温泉环境，形成了“小气候”，冬季滑雪场气温与市区气温相差3～5℃，天然降雪长时期保持不化，整个景区“银装素裹、分外妖娆”，尽显美丽北国风光。何家沟滑雪场同时拥有三星级标准兴建的温泉度假宾馆。宾馆24h提供温泉淋浴水，营口温泉淋浴，纯天然，具有多种功效，治疗多种疾病，尤其营口温泉水中含有多种矿物质。关于营口温泉的特性网上都有，我就不谈了。宾馆优雅的环境、细致的服务将使每一位游客感受到“宾至如归”的亲情。2008年，何家沟公园与辽宁省500多家旅游单位建立合作关系，得到游人的一致好评，被广大游客誉为“超5A雪场、超五星服务、超低廉价位”，并在辽宁地区独家推出激情滑雪不限时、安逸温泉不限次、丰盛海鲜不限量！再加上李兆生的集成式被动房，那不是天人合一吗？下一步我们要全面改造开发建设被动房，与暖暖温泉水、滑雪场、特色小镇形成完美结合，建设山体温泉与被动房树屋营地、给游客带来不一样的住宿体验、充分利用山地海拔和温泉资源，夏季营地避暑＋高山泳池，冬季营地＋温泉疗养，打造高山温泉被动房营地特色形成天然的养生、娱乐、休闲运动场所，展现我们营口人的新形象、新气质。

被动房＋体育特色小镇新方向

记 者：请您给我们讲讲发展体育特色小镇加入被动房元素的理念。

董志岩：德国被动式绿色节能新建筑理念与“运动休闲体育特色小镇”进行组合模式，打造以体验式运动休闲旅游为龙头，开展多种体育文化赛事活动，目的是以实体产业发展带动会展论坛为品牌的山地旅游项目，通过赛事宣传和体育产业专业性培育逐步形成东三省知名的“被动房＋体育＋旅游、被动房＋体育＋文化、被动房＋体育＋温泉、被动房＋体育＋教育、被动房＋体育＋健康养老产业”等为一体的山地体育旅游和产业品牌。根据小镇规划中各板块分区的建筑功能的不同，设置符合建筑功能的建筑风格。例如，综合运动场馆采用新材料新技术，突出其运动感科技感；体验中心，运动康复中心，康复园休闲，采用地中海建筑风格，度假性风格给人以轻松、休闲的体验。各类型建筑风格用被动房的形式得以实现，并结合地形地势打造特色交通活动线路将各被动房之间串联起来，形成一个生态环保、同时又很具可玩性的特色小镇。

记　者：在实业发展的过程中，您最大的目标、感悟是什么？

董志岩：滑雪场单季经营是企业的最大短板、全面开发四季经营才是企业以后的出路，只有加快推进特色小镇建设才能实现企业转型升级。

被动房 + 野生生态园发展新理念

记　者：请您讲讲被动房与野生生态园的发展新理念。

董志岩：一是利用国家大力支持体育运动产业发展，尤其是冰雪运动的契机，助力 2022 年冬奥会，积极开展冰雪进校园、儿童冬令营活动、培育亲子滑雪市场、建设儿童滑雪托管中心，时常组织儿童滑雪派对，以及开展针对大众初学者的滑雪训练营和针对发烧友的各类型滑雪赛事。

二是利用原有水渠、泄洪沟等资源就近收集绿化雨水，构建生态雨水收集系统，降低养护成本，同时减缓洪涝灾害、补充地下水和改善生态环境。项目区内特色景观种植主要有农田、果林、桃、梨和薰衣草。南部设置农业体验基地和采摘果园，根据季节变化设置不同的体验项目。外围以原有林地为主，局部稍作调整。各区内植物考虑季节因素，争取四季皆有景可赏、有果可摘。

三是打造景观主轴，由入口门户、轴线端点水库、景观大道、水系、水景公园和大面积的退绿地——鲜花林地、漫步道共同打造了一个宜居的健康的生活环境，成为大众经常来这锻炼的一个场所，也是一个休闲旅游目的地，形成“一带、两核、多节点、多廊道”的景观大结构。一带：主轴景观带；两核：入口景观湖面设置丰富的景观，形成门户景观，中心区结合现状水库设置丰富的大草地形成主要景观核心；多节点多廊道双向渗透：规划区内大片农业及绿化景观，形成天然的景观节点，与区外山林相互渗透形成丰富的生态景观结构网。

四是何家沟旅游区以滑雪场为中心，由户外拓展运动、民族风俗园、机动车山地越野、鸟语林、TT 野战、高尔夫练习场、生态园等园区组成。

被动房 + 旅游产业新模式

记　者：请问被动房与旅游产业是如何挂钩？

董志岩：小镇内有许多人文景观、包括抗战时期的军人洞、与何仙姑镇虫妖拯救当地百姓传说相关的狐仙洞、官运石、千年枣树等都保存完好。2008 年，营口市考古队在景区西侧主峰发现距今 3500～4000 年的商周古城遗址，出土了大量陶片。丰富的人文景观为旅游产业奠定了基础，同时体育小镇的核心项目何家沟滑雪场经营 10 年以来，每年的游客接待量在10万人次以上，有一定量的游客群体，在鲅鱼圈每年接待400多万游客的基数下，发展兼具刺激和挑战的户外运动以及生态景观游览、休闲娱乐于一体的特色小镇，将会带来更大的社会效益和经济效益。

先后与北京国合众创投资管理中心共同合作成立了中商群星投资有限公司，与圣祥滑雪有限公司合作有关滑雪和户外运动培训学校及相关素质教育等方面的项目。

记　者：在咱们公司发展的过程中，您有什么样的困惑、建议与要求？

董志岩：项目设置季节性较强，较为单一、过于依赖滑雪场，景区产品之间搭配和关联度较弱，难以形成饱满的游程、接待水平不足，客房数少。

一是希望当地政府能在小镇建设用地范围内给予各项动迁，土地帮助整合以至正常利用；二是需要政府对小镇没有完善的基础设施给予完成；三是小镇建设中在招商引资和融资方面能积极给予引导和各种帮助；四是小镇建设中和运营期希望各级政府能给予相关各种政策的支持与实现；五是纳入体育总局各项协会、各项运动管理中心项目布点中。

被动房＋实地操作新战略

记　者：目前，咱们公司都与哪些企业达成了战略合作协议？

董志岩：一是与沈阳大学合作，打造沈阳大学体育产业实习实训基地，通过校企合作，使得学生在实训基地中将理论与实践有机结合，不但提高学生体育专业技能、专业素养，而且在实际工作岗位中得到课堂所没有的工作技能，人际关系等方面的锻炼，有利于培养应用型人才。对企业来讲，也有助于降低人力成本、发现企业未来可用人才；二是与辽宁体育产业与社会发展研究基地合作；三是与辽宁省农业职业技术学院合作、营口大学、大连理工大学、市朝鲜族中学、区职业高中、区实验中学等大中等院校及中小学合作作为学校的户外实习基地；四是正在与营大国际合作，包括：中国青少年户外、体育基地洽谈等等，目前已来我公司考察，准签订战略合作协议；五是与哈尔滨市松北区天之翼冰雪运动培训学校合作；六是与辽宁华冷泰科冰雪科技有限公司合作等。

记　者：咱们企业的未来发展新战略是什么？

董志岩：以“被动房＋体育＋旅游＋生态”组合模式打造何家沟国家级特色体育小镇，建设中国东北地区山地户外运动的引领区。一方面将开创一种旅游体验和度假新形式，另一方面更是促进体育产业发展的全新手段与有效途径。在国家大力倡导全民健身运动、积极推动冰雪运动发展，助力2022年冬奥会的大背景下，落实总书记的体育战略思想，发展以人民群众为中心的体育，把体育特色小镇作为体育改革的一个突破口，何家沟体育运动休闲特色小镇已被国家体育总局纳入全国 96 个运动休闲特色小镇试点项目名单，3 ~ 5 年内我们将建成独具魅力，充满活力又可持续发展核心竞争力的运动小镇、健康小镇、幸福小镇、绿色小镇、节能小镇。要把体育特色小镇建成梦里小镇，就是梦想中的有人文情怀的世外桃源，欢迎社会各界朋友们来体验游玩。

采访感言

“重在项目”

■ 张 华

采访营口市何家沟滑雪场给记者的启发是，敢于创新、勇于引领、重在项目、开辟新模式。

2017 年 11 月 24 日，住房和城乡建设部原党组成员、纪检组组长姚兵在“第四届中国建筑业改革与发展高峰论坛”上说，建筑业转型升级贵在创新、重在项目。他说，项目特别重要。

目前，我国各级政府、企业都在上项目、找项目、谈项目、作项目，但究竟什么样的项目能够给企业、老百姓带来实惠，部分决策者还应调查研究，从人民群众的切身利益出发。希望从实际情况出发，以民生为重，不要瞎上项目，盲目模仿，要根据企业、地方的实际情况，大胆引领，勇于探索，不怕失败，敢于承担社会责任，做时代领跑者。

对于建筑、建材项目来讲，在国民经济发展中地位尤为重要。城市是由一个项目又一个项目不断发展完善起来的建筑、商贸、文化区域。建筑、建材企业也是由一个又一个项目资本积累壮大起来的组织。建设者、开拓者、引领者、企业家也是由一个又一个项目锻炼成长起来的卓越人物。我们应该给这些人物点赞。

2017 年隆冬时节，记者随发改委、住房城乡建设部等单位的相关领导、专家到河北行唐县就万亩荒山枣园开发建设进行了调研，经科学论证，大家一致认为，应精心打造，全力培植，特色小镇园区、绿色建材工业园区、农副产品深加工园区、商业贸易区、被动式建筑产业园区、大枣文化工业发展区等六大产业集群支柱项目为龙头，逐步形成壮大集群效应、品牌文化，把以“轻、散、小”的加工企业逐步形成产业格局向工业园区快速转型升级的大好局面。该县委书记杨立中当场表态：要尽快结合当地实际情况，上大项目、建立多种产业基地并存发展的新模式、新路径。

第十二篇

徐州飞虹

4 被动房　　中国建材报

开启钢混装配式被动房新征程

——江苏徐州飞虹网架建设科技有限公司创新发展纪实

作新时代的新企业

访谈录 — 徐州飞虹

开启钢混装配式被动房新征程

——江苏徐州飞虹网架建设科技有限公司创新发展纪实

■本报记者 张 华

在举国上下如火如荼地打造中国装配式被动房新时代的时刻，徐州飞虹网架建设科技有限公司（以下简称飞虹建科）以前所未有的创新实践精神开启了中国第一家钢混结构装配式被动房建筑体系，为我国“十三五”期间尽快大面积普及推广应用被动房提供了新路径，打造了一套短平快、低成本、少排放、省能源、防节点、破拐点的新建筑体系。在我国建筑工业史上，为开启崭新的中国被动式建筑体系新里程碑和历史新纪元提供了借鉴典范。

盛夏时分，中国建材报记者应邀来到江南淮海之都——江苏省徐州市，走进飞虹建科装配式建筑构造生产加工基地军营中进行了现场实地采访，一个具有时代先锋的高端团队在董事长董远亮、总经理许磊等人的带领下，以打好蓝天保卫战为己任，发扬淮海战役精神，严格按照去产能、补短板的技术路线在供给侧改革时代，展现“中国制造”“中国品牌”“中国建材”“中国建筑”的新力量。

目前，飞虹建科年营业额达10亿元左右，生产制作安装的工程近20000座；轻钢系列产品获得多种荣誉证书。其中，钢结构装配式住宅被国家誉为“21世纪的绿色住宅”称号。

开创中国式钢混装配式被动房先河

巍巍汉墓，湛蓝天空，走在徐州市通往贾汪区的高速公路上，路旁“绿水青山就是金山银山”大标语，熠熠生辉。据飞虹建科驻湖南分公司总经理周黎明介绍，坐落在贾汪区飞虹建科的装配式工厂是新时代绿色节能建筑、建材的见证，也是飞虹建科人生生不息、不懈追求、不断自主创新的真实写照。

来到被蓝天笼罩的220亩飞虹建科生产军营，仿佛置身于楚汉相争的古战场，一批英勇善战的铁甲勇士在勇猛杀敌，誓死捍卫蓝天，打一场蓝天保卫战。27000m^{2}的工艺车间有5条轻钢自动生产流水线、1条全自动重钢生产线、1条全自动箱体梁焊接生产线、2条相贯节点钢管加工生产线和多条网架杆件等犹如历史的长河，纵横交错，沧海桑田，人间正道……

恢宏的绿色节能大工厂只有几十个工作人员在操作运行。飞虹建科执行董事赵敦实指着只有5个工人在工作的大厂房说："别看只有这么几个人在工作，他们可是顶过去的200个工人。"这，就是装配式制造的力量。目前，飞虹建科在钢结构设计、电算设计、工厂制造、工艺设计、安装施工、监测手段都居国内领先地位。

蓝天之下的绿色节能装配式新建筑大工厂，令人遐想。看到飞虹建科潜心实践，大胆创新，勇于引领的旗帜，令人赞叹：飞虹建科时代蛟龙！时代先锋！

近年来，飞虹建科致力于多元化发展，现已形成集钢结构住宅建筑地产开发、节能环保集成房屋、工程施工、新型材料、研发设计、配套设备、物资贸易等为一体的综合性实体企业。在设计、制作和安装等方面已到达了一个新的高度，并不断扩大产能，掌握空间结构高精尖技术，向高层、超高层、大跨度领域拓展，以诚实、信用的原则，高效、科学的管理技术赢得了国内、外巨大市场。目前，飞虹建科钢混装配式建筑体系主要用于大、中型体育馆、飞机库、俱乐部、展览馆和候车大厅等，中小型工业厂房也开始推广应用，在世界各国的大、中型建筑中都已有成功的应用与创新实践。最突出的有上海APEC会议科技馆、中央电视台1号演播大厅、上海世博会主题馆、上海大剧院、海南三亚凤凰机场、汕头加德士LPG3号码头、漳州后石电厂球形仓、青海拉西瓦水电站地下厂房等国内外1700项重点网架、钢结构工程项目，其中，有造价3200万美元的非洲最大机场——安哥拉新国际航站楼钢结构网架工程；加拿大和日本的博览会；美国芝加哥国会大厅及英国伦敦的飞机库；乍得、沙特阿拉伯、柬埔寨、法国等51个国家的大型钢结构装配式重点大项目；新订购的培延豪斯钢结构加工中心在建筑、建材行业中属于技术领先地位；在全国钢结构生产加工行业中，已成为钢结构网架加工周期短、精度高、交货及时、生产能力强的高端企业；产品覆盖全国30个省份、自治区，承建81座援建项目，享有中国网架——徐州飞虹的美誉。

夯实钢混装配式建筑被动房基石

据了解，飞虹建科在素有"网架之乡"美誉之称的徐州是一枝独秀，占据全国网架市场半数以上的份额，享有神州无处不飞虹的美誉。生产研制的钢结构加混凝土装配式被动房建筑体系采用分层式窄柱结构体系。通过充分利用可再生能源使所有消耗的一次能源总和不超过120kw · h/（m^2 · a）的房屋，集建筑和节能技术为一体，极大地提高建筑保温隔热性能和气密性，大幅减少建筑主动向外的能源需求，通过采用高隔热隔声、密封性强的建筑外墙和可再生能源得以实现。

随着电子计算技术的迅速发展，飞虹建科解决了网架结构的计算问题，从而使网架结构实际工程应用得到了飞速发展。赵敦实说："在像造汽车一样造房子，像买汽车一样买房子的新时代，飞虹建科不忘初心，以建筑工业化为主导，以建筑产业技术为核心理念，夯实钢混装配式被动房新材料，按照装配式建造的每一个方法步骤环节，进行员工培训持证上岗，确保建筑工业化的可持续发展道路。"

在建筑实践施工中，飞虹建科以发展建筑总承包的模式，结合当地综合实际情况，因地制宜地选择适当的浇筑方法进行混凝土和钢结构的结合浇筑。通过钢柱混凝土装配式的一系列建筑程序，达到被动式基础建筑要求。记者在现场看到，钢结构＋梁、板模板，并同时浇筑梁、板混凝土，采用分层浇筑，装模快，看起来施工简单、省料、省人。房屋面积宽敞明亮，钢柱架构美观、艺术。

据操作人员介绍，被动房的层层保温墙体建筑、门窗安装缝隙，在这里可以一墙到位，省去用内保温双层板的造价问题，把被动房的弱点一一攻破，把绿色建材和绿色建筑工业革命进行有机地结合，这才叫千真万确的建筑、建材工业革命，也是夯实被动式超低能耗建筑的坚实基础和科学保障。

打造产学研一体化建设体系

飞虹建科在发展与践行的道路上，自主创新，大胆向装配式被动房建筑领域进军发展，成立了飞虹建科钢结构网架设计院、质检中心，拥有先进的设计、计算软件和绘图设备及多名高、中级专业技术人员、完备的质量检测、仪器设备和高素质的质量管理人员，可进行多种物理化学检测，能够实现材料进场到安装全过程质量检测监控。

多年来，飞虹建科以参加国家有关钢结构住宅的研讨会及相关规程的制定，为行业的先知先觉者，新建了5万 m^2 的钢结构加工基地，引进了先进的钢结构技术，与东南大学合作开展了《钢结构住宅体系》和《建筑工业化协同创新》等课题，力争成为国家建筑工业化的主力军。

在研发、设计、制造的各类钢结构建筑体系产品适用于不同领域和各类用途的建筑项目上，飞虹建科按照不同客户的个性需求，进行私人定制，不仅得到了全国施工技术进步先进企业称号，同时也是《钢网架结构》国家行业标准的主要编制单位之一。

飞虹建科从设计规划、研制开发上下功夫，整合社会各方资源，联系世界各地的名校、普通大专院校500多所进行深度融合发展，成立博士后研究工作站，进行建筑产学研开发研究。

在设计模数化、构件标准化、加工工厂化、施工装配化上，飞虹建科不惜一切代价，高薪聘请一批世界顶尖级专家、教授，深入到企业一线施工作业，已研发的建筑构造体系 673 项；与中国建筑科学研究院标准所共同合作开发了球节点网架的定型化研究与试生产；完成了国内第一个援外的螺栓球节点网架工程。此后，国外工程达 1000 余座，分布在东南亚、中东、非洲、澳洲 20 几个国家和地区。1996 年飞虹建科经审核，在全国同行业中率先通过了 ISO9000 国际质量标准认证，取得了国际市场通行证。

目前，飞虹建科已有 500 名高、中级专业技术人员；有强大的先进计算设计、计算软件和绘图设备，有世界先进水平的网架结构计算机辅助软件 FCAD2006、相贯桁架设计软件 SAP2006 和 STAAD/PRO、美国罗赛克高科技公司轻型钢结构设计软件等 700 多件。数据表明，飞虹建科可以在设计、计算阶段确保网架和其他轻型钢结构的安全性、可靠性、经济性，并可以根据用户的要求进行设计方案，得到优化选择。

飞虹建科在实践中积累了丰富的成功经验，综合实力达标，已成为我国钢结构网架行业的排头兵。他们顺应时代潮流，以培训、实践为育人模式，把公司做成大学，敢于塑造人、培育人，以优势的薪酬激励人，科学管理的方法驾驭人，以雄鹰般的高昂气势、不屈不挠的精神翱翔蓝天，走向世界。

开启网络服务化体系建设平台

为解决企业与客户之间的服务合作问题，飞虹建科搭建网络服务平台建设，开辟以深化企业自身改革为龙头，链接上下游企业，互相联动，为适应建筑、建材供给侧结构性改革和新型城镇化发展的要求，发展钢混装配式被动房建筑体系，把具有发展节能环保的新材料提高到建筑安全水平上，有效地推动化解过剩产能的目的。

飞虹建科在开发总承包单位的合作等事宜上，客观冷静分析自己面临的机遇与挑战，面向全社会开展多种渠道的招商活动，秉承“客户为本”的原则，向客户提供从技术咨询、工程设计、方案定制、制造安装等一体化系统解决方案。

在企业完善品种和规格等方面，飞虹建科利用网络平台，引导企业研发适用技术、设备和机具，提高装配式建材应用比例建设，健全了与装配式建筑相适应的发包承包、施工许可、工程造价、竣工验收等制度，实现了工程设计、部品部件生产、施工及采购统一管理和深度融合发展的道路。

为了确保工程质量安全，飞虹建科加大网络人才培养力度，把发展钢混装配式被动房建筑列入整个公司的全部未来设计和远景规划建设发展中去。

飞虹建科挖掘内部潜力，走自己开发市场招商运营渠道发展模式，开发推荐总承包资质、劳务输出等单位，通过专业化的团队运营模式发展道路，强化专业化的管理和专业化的服务打造卓越的飞虹建科品牌。

正如董远亮董事长的企业致辞：在改革发展的道路上，飞虹建科一如既往，砥砺奋进，全力打造上下游供应链，携手前行，共铸辉煌！未来建设发展的道路上，飞虹建科愿为我国应用钢混装配式被动房建筑结构绿色环保产业体系建设的推广、普及与发展再续新篇。

飞虹建科，架起连接世界、通向未来的彩虹！

采访感言

作新时代的新企业

■ 张 华

进入新时代，每一个企业都应该展现一种新力量新生命！

采访徐州飞虹网架建设科技有限公司（以下简称飞虹建科）记者感悟：企业发展，要有新思维、新思想、新路径；要有创新精神；坚持与韧劲；敢于实践，勇于引领；不怕失败，愈挫愈勇；勇塑领导力；企业管理机制灵活多样；勇于授权等。

飞虹建科为企业深度转型升级提供了一个展现自身发展的战略眼光和创新开拓发展的新企业精神，以及有新时代管理创新能力和社会责任感的先锋企业形象。

自 1949 年新中国成立以来，全国各地的建筑机械厂，能够像飞虹建科一样发展到今天的辉煌，已经为数不多了。

飞虹建科以建立现代的企业产权制度和企业组织形式，在生产、质量、供应、销售、研究开发、劳动人事等方面形成了一套行之有效的企业内部管理制度和运营机制，实现管理科学化的模式，以 ISO 9000 质量保证体系标准为基本要求和管理思想来制定企业的质量方针和质量目标，值得点赞。

飞虹建科重视品牌建设，把提高产品质量和工作质量作为知名品牌建设的重要内容，强化员工的质量意识。建立带有品牌性质的服务体系，并使其成为企业文化不可分割的一部分。不断加强产品实现过程的质量控制、质量检查和质量监督，抓住影响产品质量的关键因素，不断推广、采用先进的国际标准，增强了企业的国内外市场竞争力。

飞虹建科根据行业特点及发展规律，制定全面的营销战略规划，完善了分布全国的营销组织架构，明确营销管理流程。在营销战略的实施过程中，把企业品牌定位、产品组合、渠道建设、营销团队、服务支持以及物流配送等体系内的各个环节，稳步建立，逐步完善形成飞虹建科品牌。

在整个企业发展战略目标与业务规划的基础上，飞虹建科利用计算机技术、网络技术和数据库技术，优化企业业务流程，建立以 ERP(企业资源计划系统) 为主导的信息化系统，控制和集成企业生产经营活动中的各种信息，实现企业内外部信息的共享和有效利用，让用户满意是企业服务的核心，把用户满意工程当作一项长效机制加以建立和培育。注重建立与顾客交流信息的多种沟通渠道，树立正确的服务经营理念，建立服务团队，规范服务流程，履行服务承诺，完善服务体系，并在实施过程中注重服务补救，不断改革创新。

飞虹建科以企业精神为引领，以科研创新技术为目标，以新项目、新产品为理念，以社会责任、勇于担当为主题，创意、创新、创建出世界品牌，中国钢混装配式被动房综合体系。专家一致认为，这对于引领全国被动式超低能耗建筑、绿色节能建筑健康发展、模式机制，具有推动发展示范引领和探索的经验价值。

在当前的社会经济发展中，飞虹建科在产业链上下游的合作上打攻坚战，80% 的项目都与建筑商合作完成。建筑设计规划也是采取合作形式完成。

进入新时代的飞虹建科，仍然不忘初心、牢记使命，立足新时代，设定新目标，贯彻新思想，踏上新征程。

飞虹建科作为中国企业和中国企业家新思想、新作为、新技术的引领者，通过一系列新型建材体系建设为绿色节能建筑产业升级服务，更加积极地为改善企业发展环境树立旗帜与标杆；更加努力地维护企业与企业家的合法权益，推动实体经济健康发展；更加有效地引领企业家的责任心和使命感，担负起国家富强民族复兴的重任，为中国建筑、建材工业发展史再续新篇章。

第十三篇

王文战

中国建材报

利废新材助推被动房产业发展

——河南强耐新材股份有限公司产品创新发展纪实

从员工看企业

访谈录 — 王文战

利废新材助推被动房产业发展

——河南强耐新材股份有限公司产品创新发展纪实

▲ 图为王文战接受记者采访

■本报记者 张 华

河南强耐新材股份有限公司（以下简称强耐新材）以利用河南省焦作市的工业固废垃圾、黄河淤泥等废弃物，化腐朽为神奇，来演绎生态友好、绿色节能的新建材故事。它促进了低碳环保节能被动式、装配式、集成式等建筑健康有序发展，使一粒粒沙子、一堆堆废弃物在这里变成“金砖、银砖”，形成一道耀眼的美丽风景线。

盛夏七月，中国建材报记者顶着骄阳来到坐落于巍巍太行山下、滔滔黄河水旁的古城——怀州武陟县三阳乡前刘庄，走进强耐新材生产加工制造基地军营进行现场实地采访。强耐新材广大员工在董事长王文战的带领下，以潜心实践、大胆创新、不忘初心、砥砺奋进的精神，在希望的田野上书写绿色建材工业新篇章！

短短 6 年时间，强耐新材以独特的建材工业思维，实现了利润翻百倍的优秀佳绩，从年收入不到 200 万发展到近 2 个亿。昔日的乌烟小砖瓦厂变成了今日的新三版上市企业，以最短时间实现了建材工业从气到电、再到废物利用的变革，这一步步成长都寓意着新时代新企业的新力量与新生命。

目前，强耐新材砂浆系列产品已通过 ISO 9001 质量管理体系认证；获得了三星绿色标识认证；工业和信息化部确定为京津冀及周边协同地区固体废弃物综合利用企业；河南省住房建设厅认定的新型墙体材料生产企业；河南省工业和信息化厅认定的“专精特新”行业领军企业等。

具有文化内涵的绿色建材厂

被太阳笼罩的强耐新材大工厂，“背有靠，前有照”，四面环绿，郁郁葱葱，没有昔日的黑黑土窑、高高烟囱、滚滚浓烟、喷吐火焰的情景，更没有臭气熏天的异味，取而代之的是芬芳美丽的花园、凉亭、菜园、果树、篮球场、绿色节能砖砌等，旷野微风伴随着电脑信息数字化操作系统，使整个工厂勃勃生机，充满浪漫情怀。工厂行政区广大员工统一白衬衣、蓝裤子，在蓝天白云的映衬下显得神采奕奕，车间工人统一灰色工作服在机器马达声中显得庄严规整。绿色节能新型建材工业革命伴随着新时代的钟声，向着新世纪走来……

行政总监刘凤霞站在办公大楼门前，拿起水龙头，朝着院内 200m 宽、500m 长的血红色透水砂浆混凝土地面浇水，说：“您看这水冲上去，不到 3s 就干了。您踩在上面体会一下，鞋上一点水也不沾。”刘总监又拉着记者看工厂院内篮球场上铺的室外弹性混凝土砂浆地面说：“这是用烂轮胎做成的砂浆地面，您使劲踩，跳一下，一点也不打滑。我们强耐新材的产品既增加地面弹性，又没有异味。这是一个技术上的新突破，把烂橡胶、废轮胎打碎后变成颗粒混合水泥等胶凝材料在一起，就成了富有弹性的混凝土砂浆地面。做室外运动场再适合不过。”红色的砂浆像火红地毯铺在了黄土地上，与蓝色天空交相呼应。天人合一的文化理念和绿色节能建材的结合，形成了一幅天然美景。

工厂行政区有一万多平方米，到处是富有哲理的古诗词书法匾，与小院建筑风格吻合一致，如果故名而来，谁也不会想到这是个生产建筑材料的砖瓦厂。整个工厂边边角角无不透露着绿色建材特有的凝重气魄！

随着机器轰鸣声，映入记者眼前的是高高的机器稳固整齐排列，机器人熟练的分拣、包装，仿佛飞舞般地炫耀着灿烂的光芒。一道道阳光通过高高玻璃洒进车间，地面上的耐磨地坪嵌出了美丽花纹。刘总监兴致勃勃地说：“这些设备全是国际工艺技术，而且具备大规模高质量的生产能力。我们现在脚踩的地面，就是石膏基自流平砂浆，它像水一样自己流平，并且做到不开裂，高强度。这一产品倍受用户青睐，不用推销，全是自动找上门的，每天都有不少上下游合作商来参观学习，定购产品。这些产品无污染、寿命长、美观、成本低、省时又省工。”

记者在现场看到，工厂除了十几个工人以外，多是机器人在对产品进行自动包装。地板像琉璃砖般微微发光，玻璃墙在阳光的照射下闪耀着淡青色和琥珀色的光彩。

整个工厂格调优雅，文化气息浓厚，工厂右侧的中式月亮门里是用剩余废料做成的各种各样的中式砖雕艺术品，有龙凤呈祥、三阳开泰、狮子滚绣球、松柏等，形成了优雅的绿色文化长廊，既蕴含了强耐新材人不怕吃苦、勇于奋斗的精神，又展现了工业和建筑固体废弃物资源化循环利用的研发、检测与创造力。同时体现了强耐新材勇于实践、敢于创新、奋力拼搏的企业文化。

绿色凝固砖瓦艺术

记者在工厂生产区看到，混砖砌块摆放整齐匀称，重重叠叠，耸立挺拔，有的砖是集装箱般的大模块，有的是小巧玲珑的小模块，轻轻一拍，能发出悦耳声音。随即工作人员拿起了一根小木棍在砖上敲打，响起美妙音符，一曲《黄河大合唱》顿时在蓝色天空回荡起来……

据介绍，这些美丽的砖块是用当地工业废弃物作原料，使废料变成了金砖银砖，可以满足不同用户的需求，也可以根据装配式、被动式、集成式建筑量身打造。

强耐新材始终以绿色墙材差异化产品为根基，坚持以战略性新兴产业领域中资源综合利用、新材料、节能环保三大领域为战略发展方向，实现石膏自流平产品和装配式低能耗生态民居两翼腾飞。通过技术创新，强耐新材实现工业及建筑固体废弃物的资源综合利用，由无害化处置向资源化利用转变，有力地降低了工业固体废弃物的二次污染。

6 月中旬《焦作日报》整版开篇报道强耐新材坚守蓝天保卫战中，发挥主客能动性，把当地固废变金砖故事，引起了社会广泛关注。目前，强耐新材每年处理工业和建筑固体废弃物 200 余万吨，成为国内大宗固体废弃物高值化综合利用最大的科技环保型企业。截至记者发稿之日，与强耐新材签订战略合作企业单位达 161 户，记者在现场看到，三个会议室全是慕名来洽谈战略合作事宜的企业负责人。据了解，香港领航国际资本控股集团董事长蒋中成期待与强耐新材形成战略合作，形成更深度地产融联合，待时机成熟时，会注入资金、注入智慧、注入国际化资源。

新型的彩色无机砂浆

6 年前，记者曾采写了一篇题为《奔跑在砂浆的路上……》刊登在《中国建材报》上，全文讲述了王文战为了砂浆事业，上下求索、艰辛创业的故事，当时在社会上引起强烈反响。时过境迁，强耐新材摇身一变成为了当地赫赫有名的新三板上市企业。

王文战向记者介绍，强耐新材投资的5000万建设的干混砂浆项目，目前正以惊人的速度打造了彩色无机矿物装饰砂浆系列产品，开创了国内砂浆先河。王文战表示，砂浆可用于所有建筑与装饰装修产业，产品具有耐久、环保、保色、高温、抗紫外线、粘结力强、自洁功能、透气、防潮、防渗、色彩图案丰富、装饰性强等性能。其形状、大小、颜色等可根据用户喜好自由选择，同时施工相对较快捷、重量轻、降低了建筑负重。本产品原材料均是天然矿物材料，不含游离甲醛、苯等挥发性有机物，无毒无味，产品所用颜料系天然氧化铁矿物颜料，可全面保护建筑物免受自然环境、工业废气及微生物的侵蚀、破坏，可有效减少二次装饰带来的资源浪费。

王文战表示，彩色无机矿物砂浆对被动房的施工缝隙、漏气现象有特别的疗效。以瓷砖装饰效果为例，其施工方式比贴瓷砖方式施工效率提高100%，并且价格低，等同于优质涂料施工。此外由于装饰砂浆材质轻，可以减少建筑结构的负重，同时不会产生脱落，避免出现瓷砖坠落砸伤事故。装饰砂浆具有整体性，不会产生缝隙，可以避免水渗入墙体结构，可以提高建筑结构寿命。

超高强石膏基耐水自流平砂浆

记者在现场看到超高强石膏基耐水自流平砂浆（以下简称自流平砂浆）表面特别光滑明亮，像清澈的小河水略带一点混浊，有点镜子的作用，表面有水纹一样的波纹，美丽平整。工作人员说，自流平可以广泛运用，它防潮、耐磨、贴心实惠，还可以运用在各种室外景观地点、房屋装饰、路面等，对于装配式、被动式、集成式等建筑效果更佳。因缝隙处理比较严密，所以才叫它自流平。

自流平砂浆就是加水的液体浆料铺散到地面上后自动流淌，并依据低洼情况填平静止，再固化抛光的工艺。它与水泥一拍即合，大大提升了传统地面施工的速度，而且经济实惠。晾干之后，完全超乎想象中的样子。另有界面剂和饰面层，竖向占空间高度小，成品地坪镜面感强，质感好，用在休憩的卧室空间，则营造出静谧的睡眠氛围，而整体设计上又突出大气简约。石膏自流平还可以直接与浴缸相连，每次洗浴，都有泡温泉的感觉，千种用法，百种搭配，耐磨性强，防潮功能好，而且可以和家具搭配色系进行装饰装修。

强耐石膏基自流平砂浆作为一种科技含量高、技术环节复杂的高新环保产品，是目前在我国建材市场上所有石膏产品中唯一一个没有大规模产业化生产的产品。石膏基自流平作为替代水泥、减少我国碳排放的重要产品，与部分地方政府已出台政策推广的“石膏干粉砂浆”相比，同样具有节能减排的社会效益和经济效益。

面对去产能，王文战自信坚定地说：“强耐新材作为一家建筑材料的高新技术企业，郑重向社会承诺，要以壮士断腕的决心，背水一战的勇气，攻城拔寨的拼劲，坚决打好环境污染防治攻坚战，奋力开发高端化新产品。”

古色古香的砖雕艺术

记者在现场看到工作人员将剩余废料混合水泥在模型里浇筑，做成精品砖雕艺术品。没有污染，不用烧制，工艺简单，品种丰富，样式齐全，有各种各样墙雕、屏风、背景墙、装饰品等。产品曲线匀称精巧，远看古朴端庄，近看细节流畅，丰厚饱满，侧面精细，打磨平整，手感细腻，画面立体，样式经典，有厚重的历史感，古韵悠然。其中点点滴滴透露出强耐新材自主创新、勇于引领的伟大精神其精湛的工艺可以看出深厚的文化内涵与独特的艺术手法，以及蕴含的艺术生命力和不屈不挠的企业精神。

王文战说：“强耐新材全面引进先进的工艺技术，结合我国几千年历史文化积淀，建立了从图案设计到模具加工再到产品成型的文化装饰砖整套生产线，再到一系列产品包括影壁挂件系列、墙地砖系列、线条角花系列、古建筑建造和修复的仿古标砖、仿古长城砖等，都可根据客户的不同需求或地域文化差异设计不同产品，适用于各种景观工程、庙宇、祠堂、茶秀、古镇街景、家装、高档会所、餐饮业等的装修装饰。这些仿古标砖及仿古长城砖则可用于古建筑的建造和修复工程。”

永远在路上……

近三年来，强耐新材在产品研发上累计投入了近 1600 万元，建成了较完善的产品研发体系，申请发明专利 9 项、实用新型专利 3 项；参与编制了河南省工程建设标准《预拌砂浆生产与应用技术规程》；与中国建筑科学研究院、郑州大学、南京工业大学、西安建筑科技大学等建立了长期的“产、学、研”合作关系，其中与南京工业大学共同承担“十二五”国家科技支撑计划项目第四课题第三专题“地面自流平材料改性与应用技术研究”，作为生产示范基地，面向全国推广；与西安建筑科技大学的“低层装配式建筑”项目已可步入市场投放阶段。

强耐新材先后获得了“十二五”时期资源综合利用骨干示范企业、资源综合利用“双百工程”企业、2016 年全国机器人产业“十百千”应用示范企业。今年 6 月，《焦作蓝》大片连续在焦作市上演，讲述了强耐新材每年消耗建筑垃圾 30 万 t，全封闭式生产工艺实现了粉尘和下脚料百分之百循环利用的事迹。王文战表示，强耐新材秉承“汇集全球顶尖技术、打造绿色建筑品牌、改善人类生存环境”的企业使命，要继续投入大量资金进行生产工艺改造。环境污染整治不能单打独斗，需要全社会狠下决心，共同行动，为中国的绿色发展，交上一幅美轮美奂的生态答卷。

采访感言

从员工看企业

■ 张 华

这次去河南省焦作市采访，到火车站接记者的是河南强耐新材股份有限公司（以下简称强耐新材）的行政总监刘凤霞。从她身上发生的一系列变化，看到了一个企业的飞速成长与发展。

刘凤霞是记者 6 年前认识的一个小丫头，那时她刚大学毕业，到强耐新材上班。那时性格腼腆羞涩……

刘凤霞是一位彻头彻尾的城市姑娘，当时她到位于武陟县三阳乡前刘庄的强耐建材上班，引来了不少反对的声音。有人说她一个师范大学生，又是校花、班干部，去乡下一家不起眼的砖瓦厂工作，这不是葬送青春与前途吗？同学、老师、母亲等对她的选择都表示不理解。

刘凤霞大学期间是学生会主席。很多学校、企业到学校挑人，都纷纷争抢着要与她签约，母校让她留校，她一一谢绝，原因只有一个，就是要去武陟强耐新材工作。是什么理由，让她如此坚定决心去强耐新材工作呢？

故事还得从 2014 年说起，当时正在读大四的刘凤霞，在学校举办的一次“总裁培训班”上经朋友介绍结识了王文战，她发现王文战一直在不停询问老师各种问题，她心里突闪一个念头：“这位企业家太爱学习了，如果与这样的老板在一起工作，肯定能从他身上学到很多东西，而且能与他一样爱学习。”

有时瞬间决定命运，一个念头决定终身。刘凤霞感动于王文战爱学习的精神，她看到了别人看不到的东西，这也是她不顾亲朋反对，毅然决然选择强耐新材的真正原因。

后来在工作过程中，刘凤霞又发现了王文战身上更多的过人之处：能吃苦，爱思考，有闯劲，还经常与工人同吃同住同劳动，也不讲究吃穿；孝敬父母，母亲在医院住院一年多，他几乎天天晚上去陪母亲，无论工作多忙，有时甚至深夜都要赶到医院陪护母亲。她说：“王总身上值得学习的东西太多，故事讲不完，汇成一句话——值得跟随！”

目前，刘凤霞无论是接人待物，还是与人交流沟通，都成熟、自然得体、不卑不亢；说话音质清脆温和、正能量；办事落落大方，整个身心到处洋溢着热情与青春，洒脱中透露一种阳光、快乐、得意的生活状态。

她表示，来到强耐新材让她感受、学习、领悟的东西太多，她无法用语言表达，特别让她幸福的是她找到了一个如意郎君，立刻将步入婚姻殿堂，心里有种说不出的满足感。对方在学校教书，对她的工作也特别支持。

由于她工作表现出色，现在父亲从焦作一家矿院退休后也来到强耐新材工作，不仅周围人羡慕她的生活，她自己也感到无比甜蜜。

她告诉记者，不仅工资长了几倍，关键让她从不了解建材到建材行业能手，一路走来，亲眼见证了一个企业的成长历史，心里很有成就感。

刘凤霞表示，她特别感谢领导对她的信任，跑项目、见客户、找领导、签合同等都一一让她从青涩走向成熟，强耐新材带给她的不仅是绿色节能建材新知识，更重要的是让她拥有激情奔放的生活状态以及积极追求新知识的精神，让她的人生价值得以体现。她说："我个人认为'天福'就是自己干自己喜欢的事儿，有一份薪水能养活自己就是幸福。"

员工形象往往能折射出一个企业的形象！

另一位工作人员告诉记者，他在强耐工作特别快乐，每天心里美滋滋。

王小泉从县教育局退休后，在这里做行政事务工作，他在工厂里开发了一个小菜园，每天乐得合不上嘴，一说话就满脸笑容。

这些员工有一个共同点，都是冲着董事长王文战来的。王文战用他优秀人格赢得广大员工尊重与爱戴。他的一举一动，一言一行深深净化与感染了周围的人。

一位哲人说，当年为别人撑起一把伞的时候，自然会有人为您垫起一块石。企业的领导力形象非常重要！看是一句不起眼的小小问候，点点头，微微一笑，有时就会产生无穷的力量和巨大的感动。

新时代的新企业，需要王文战这种特别能吃苦、爱学习、平易近人的精神，有了好环境，员工顺心快乐了，创造力自然就爆发，企业也就蒸蒸日上地发展了。

第十四篇

陈卫宁

中国建材报

被动房新材料助推绿色建筑发展

——访南珈节能科技总经理陈卫宁

节能 减排 100%

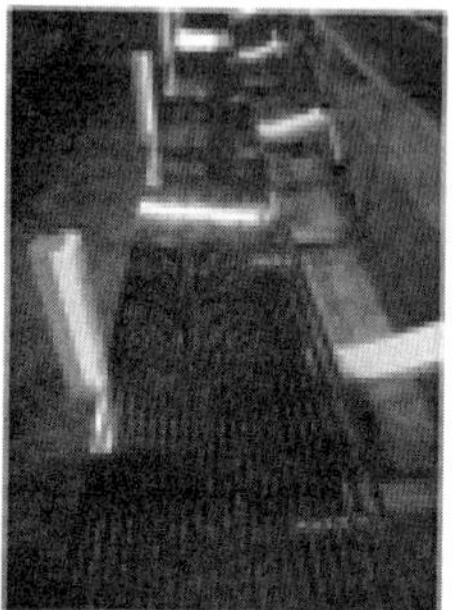

开启绿色新征程

访谈录 — 陈卫宁

被动房新材料助推绿色建筑发展

——访南油节能科技总经理陈卫宁

记者与陈卫宁（左）在交流

■本报记者 张 华

面对供给侧改革，南京南油节能科技有限公司（以下简称“南油节能科技”）的做法是，引进欧洲制造高端中空玻璃刚性复合暖边间隔条和刚性非金属暖边间隔条的先进技术，整合国内优势资源，自主研发适合中国被动房建造需求的高端新型材料——“佑值王”和“PHI”高端暖边间隔条（以下简称“暖边条”）。

目前，该产品填补了国内空白，已获得中国国家知识产权局授权的多项专利证书；取得中国权威检测认证机构的检测和认证；通过 ISO 9001—2008 国际质量体系认证，并被列为“中国被动式集成建筑材料产业联盟门窗系统十大战略合作伙伴”，为我国大面积推广普及被动房提供了技术支持。

阳春三月，两会召开之际，记者来到了南京六合经济开发区南油节能科技生产基地，现场实地采访了南油节能科技总经理、中国“暖边条”第一研发人陈卫宁。

节能　减排 100%

采访陈卫宁时，记者把被动房节能门窗比喻成一双美丽的大眼睛，始终闪烁着耀眼的光芒。陈卫宁听后，立即兴奋地表示：“‘暖边条’就是那眼珠子，是节能门窗的灵魂，决定着整个节能门窗的质量。如果没有‘暖边条’，节能门窗就完全不具备节能、环保、隔热、保温等功效，也就根本谈不上节能。”

陈卫宁拿着他视若珍宝的“暖边条”材料，向记者介绍说：“‘暖边条’产品，对于节能门窗以及中空玻璃，具有高效节能减排的作用，具体是由其导热系数的定量来体现和判定的。根据材料导热系数和材料厚度，聚丙烯 0.22W/(m · K)，不锈钢 17.0W/(m · K)，铝 160.0W/(m · K)，将这些数据带入公式，得出导热因子结果为 0.002W/K，小于 0.007W/K。根据中国建筑玻璃和工业玻璃协会发布的《暖边间隔条》HBZ/T 003-2016，因此定义其为暖边系统。而铝间隔条的计算结果是 0.112W/K，远大于 0.007W/K，所以被定义为冷边系统。”

关于“暖边条”在中空玻璃工程中明显的节能功效，陈卫宁一一分析道：“‘暖边条’对节能门窗中空玻璃的边部节能功效，起到的是决定性的作用。对于国家提倡的 65% 的节能指标，‘暖边条’已经完全超过边部节能要求。暖边的节能不但体现在导热系数低上（仅为铝金属的 1 / 950），而且还体现在其有利于延长中空玻璃的密封寿命，从而延长了相应的使用寿命上。对于下一步国家要求的 75% 的节能指标，‘暖边条’也完全可以满足这一节能要求。”

保温　隔热 100%

关于“暖边条”的节能保温传热系数，陈卫宁认真解释道：“一个完整外窗系统的传热系数，由玻璃、窗框以及中空玻璃边缘线性三部分传热系数组成，整窗的传热系数计算式见公式：

$$U_w=\frac{(A_f\times U_f+A_g\times U_g+L_f+\Psi_g)}{A_w}$$

式中，U_w 为整窗的传热系数，U_f 为窗框的传热系数，U_g 为玻璃的传热系数，A_w 为整窗面积，A_f 为窗框面积，A_g 为玻璃面积，L_f 为间隔条的长度，Ψ_g 为中空玻璃边缘线性传热系数。公式中的 Ψ 值，即中空玻璃边缘线性传热系数，描述的是通过中空玻璃边缘的热量损失率，Ψ 值越大，表示损失越大。降低 Ψ 值，可有效降低整窗的传热系数。而 Ψ 值的大小主要由所用间隔条的材质来决定，选用合理的传热系数较低的间隔条，是降低 Ψ 值的重要方法，这就是导热系数低至仅为铝合金的 1 / 950 的暖边间隔条节能保温的原理。”

关于暖边技术对节能门窗、中空玻璃和居住环境的影响作用，陈卫宁详细解释说：“型材与玻璃接合部位的线性传热系数，对整窗 U 值的影响非常大。就拿‘佑值王’和‘PHI’高端暖边间隔条来说，与传统铝间隔条进行比较，间隔条框扇节点传热系数分别是 3.12W/（$m^2 \cdot K$）和 3.58W/（$m^2 \cdot K$），降低了 0.46W/（$m^2 \cdot K$）。按框窗比 30% 计算，整窗传热系数降低了 0.14W/（$m^2 \cdot K$）。可见，暖边条相比铝隔条，对整窗的传热系数的降低有明显作用。同时，在暖边技术对中空玻璃抗结露性能影响研究中，某中空玻璃采用暖边间隔条和铝间隔条进行热工计算，以 5+16A+5Low-E 玻璃配置为例，在室外侧空气温度为 -20℃、室内侧空气温度为 20℃的标准条件下，前者的中空玻璃边部温度为 0.6℃，而后者为 -4.5℃，前者比后者温度高约 5℃，降低了室内窗户表面结露的可能性。而在保证不结露的前提下，冬季北方室内温度保持 16℃不变，相对湿度由 23.07% 增加到 35.12%，居住舒适度得到了显著提高，同时减少了室内装修带来的污染问题，有效地改善了室内环境。”

天然　绿色 100%

对“暖边条”天然、绿色的特性，陈卫宁不厌其烦地讲解道：“暖边技术的一个重要方面是密封技术，它与中空玻璃间隔层内的气体密切相关。最常用的内充气体为干燥空气，干燥空气中无水分，所以在玻璃冷面上不会结露和结霜。同时，干燥空气的导热系数也比潮湿空气小，其来源方便，在生产中使用较广泛。随着玻璃镀膜技术的发展，采用惰性气体以及六氟化硫、卤代烃 R13 和 R12 为内充气体的中空玻璃不断增多。

常用的惰性气体有氩气、氪气和氙气，它们安全无毒，不会燃烧，导热系数都比空气小，是较好的隔热体。氪气可用来制作间隔层较小、隔热性能较好的中空玻璃，价格较为昂贵。自然状态下的氙气非常稀少，提纯价格高，因而很少用于中空玻璃的制作。六氟化硫在一些要求较高的场所也有使用，且具有很好的隔音效果，但其露点较高。氩气在空气中的含量较高，l00L 气体中约含 934mL，其露点较低，对太阳能的反应不敏感，也可以充气在灯泡中。通过中空玻璃的能量主要由热辐射造成，用普通透明玻璃制成的中空玻璃，其辐射率高，能吸收大量辐射热，即使内充氩气，其隔热效果也不明显。”

陈卫宁特别强调说："研究结论表明，南油节能科技的'暖边条'是纯天然100%绿色产品。暖边技术可降低整窗的传热系数，是改善整窗热工性能的有效途径，可大大提高中空玻璃的边缘温度，提高中空玻璃的抗结露性能等。同时，它还可有效降低玻璃在使用过程中因温差应力引起的玻璃自爆和热应力炸裂的可能性。南油节能科技的'暖边条'，能够有效阻隔中空玻璃通过边部的热传导，从而降低中空玻璃的K值。其优异的防结露性能，使中空玻璃室内侧不结露，且有卓越的耐候性能，可以适应在不同气候条件下使用。此外，其优良的支撑效果，确保了门窗和幕墙中空玻璃的质量，既可以增加玻璃间的支撑力（由原来的1.8mm提升至4.8mm，抗压力大幅度增强），又可以加强'暖边条'韧性，显著改善了中空玻璃受压力变形的问题。而'暖边条'的绿色环保更是体现在生产环节上，即生产中可用全自动或半自动铝条折弯机折弯暖边间隔条，中空玻璃厂无需增加额外生产设备即可生产具有暖边的中空玻璃。所以说，该产品纯天然、绿色100%，一点也不过分。"

采访尾声，陈卫宁无比感慨地表示："没有创新，便没有发展，历史总是青睐识时务者。在过去的10年里，我们的门窗制造业随着市场的发展，单一玻璃门窗已经无法满足市场需求。在德国一次展会上，受外国产品的刺激，我们开始考虑转型升级换代，每年投入大量的人力物力财力研发'暖边条'。目前，南油节能科技已建成全自动高端刚性非金属暖边间隔条生产线两条，全自动高端刚性复合暖边间隔条生产线两条，成为我国高端暖边间隔条制造基地，年产6A到32A各种规格'暖边条'2000万m以上。"

先进的技术、高端的设备、优质的原材料，带来的是高品质的"暖边条"。它能够有效降低节能门窗中空玻璃K值，符合我国发展绿色科技的方针，符合让自主产品走出国门、引领世界的伟大理念。南油节能科技生产的"暖边条"，在30多家企业、133个案例中使用，有力推动了节能门窗的科技进步，对促进供给侧改革、绿色升级换代发挥了一定作用。目前，南油节能科技的"暖边条"已正式被江苏省列为高新技术产品，享有高新技术政府补贴，南油节能科技已经申报江苏省高新技术企业和江苏省前沿科技企业。

对于"暖边条"的市场前景，陈卫宁信心满满地说："在中国的字典中是找不到'暖边条'这个词的，它是外来语。在此之前，中国没有'暖边条'这个产业。如今，暖边技术在玻璃幕墙中符合《玻璃幕墙工程技术规范》JGJ 102-2003的规定。对中空玻璃而言，'暖边条'已成为一个建筑工业化词汇。随着建筑材料科学的发展，中空玻璃的隔热性能产生了很大的变化，能满足各种不同场合的需要。发达国家都能根据具体的使用要求，设计出各种类型的中空玻璃，并不断开发出暖边间隔条的新品种。目前，住房和城乡建设部也已把中空玻璃列为推广应用的建材节能产品之一，这使我国中空玻璃及'暖边条'的进一步研发生产面临良好的发展机遇。"

采访感言

开启绿色新征程

■ 张 华

随着供给侧结构性改革的不断持续发力，“三去一降一补”一步步深入实施。各地在大力倡导发展低碳环保产业，绿色理念已植根于人们的心中，绿色建材、建筑也逐步融入人们的生活。南京南油节能科技有限公司（以下简称“南油节能科技”）通过不断研发新技术、新工艺、新产品，构建了以自主知识产权为核心的科研体系，以暖边间隔条（以下简称“暖边条”）新型绿色建材为代表，走上了创新绿色驱动发展的新路途。

我国绿色节能建筑、建材工业，随着时代的变迁发生了翻天覆地的变化。从砖瓦工到泥水匠、土坯房到混凝土高楼大厦，再到模块装配式建筑、新型建材等等，今天又迎来了新一轮建筑、建材的变革——被动房。一体化装配式、小木屋、钢结构、建筑机器人、建筑全装修等等，无不证明着绿色节能建筑建材又开启了科技智慧的绿色新征程。

传统意义上的绿色，通常是指原生态，大自然的天然物质，可以通过人的视野，给人带来精神上的愉悦和享受。而更高层面上的绿色内涵境界，应该是人类物质和精神文明发展到一定程度的科学与智慧的结晶。

南油节能科技一直致力于新型环保建筑材料的研发，其“暖边条”产品被列入江苏省高新技术产品。公司为持续提升企业创新能力，不断地加大科研力量投入，引进大批科研、质检设备及人才，率先引进具有国际先进水平的全自动生产线。通过采取科技智能化生产技术，使公司发展得到了全面的提升。公司与国内多家大学及业界一流科研机构进行交流合作，形成了系统且完善的创新研发体系，不断进行技术攻关和产品升级，相继研发了各种各样绿色“暖边条”新型产品，并获得了一系列荣誉。

在创新发展的同时，南油节能科技秉承发扬“务实求新”的工匠精神，实施以产品节能减排为依托、以生产制造质量为保障的“暖边条”产业标准化体系建设。

大力发展绿色节能建筑、建材工业，不仅能够改善人居环境、促进民生发展，同时也是新时期绿色发展的重大战略举措，是生态文明建设实施的主要途径。南油节能科技带来的不仅是全新的科技智能绿色“暖边条”，更是对绿色节能新型建材发展走科研化道路的一次创新。

一个小小的“暖边条”材料就能改变整个节能门窗的命运，满足被动式绿色节能建筑的功效。望广大绿色节能建筑新型材料生产企业都能够勇于打开新的航线，敢于引领，坚持绿色建筑、建材工业化发展道路，走科研产品化发展模式，勇作时代先锋，发扬工匠精神，积极推进低碳环保、持续创新绿色发展新战略，为推动被动房行业的健康快速发展尽一份力。

第十五篇

济源钢铁

中国建材报

优特钢材助力被动房产业发展

——河南济源钢铁集团见闻

钢铁丰碑

访谈录— 济源钢铁

图为李玉田接受记者采访

优特钢材助力被动房产业发展

——河南济源钢铁集团见闻

■本报记者 张 华

面对去产能的滚滚洪流，河南济源钢铁（集团）有限公司（以下简称河南济钢）顺应国家供给侧改革政策和被动房产业发展趋势，年产 400 万 t 级钢材，其中优特钢 300 万 t，总资产 150 亿元，2001 年至 2017 年纳税超过 60 亿元。河南济钢系中国民营企业 500 强、中国制造业 500 强和世界钢铁 100 强企业，2013 年工业和信息化部公布的首批全国达标准入的 45 家规范性钢铁企业之一，生产研制的“国泰”牌特优钢材亮剑世界，引起国内外专家纷纷点赞。这意味着中国开启了民营钢铁制造生产航线，中国制造、中国钢铁、中国气派、中国力量等像愚公精神一样响彻世界……

神州大地又掀起被动房热潮，作为钢结构被动房、钢混装配式被动房、装配式被动房、集成式被动房，以及被动房的热桥、水管、门窗等系统工程的原料钢材，以何以新面貌抓住新机遇、迎接新挑战呢？河南济钢的做法是，以卓越胆识挖掘企业内部潜力，大胆改制，引进开发国际一流机械装备，大刀阔斧调整产品结构，持续不断创新改进技术、工艺，研制生产制造的“国泰”牌优质钢材，成为我国中西部地区最大的特钢企业和中国特大型特钢企业，在愚公故里书写了一部中国钢铁工业发展变迁的雄伟壮丽的史诗！

初秋时节，中国建材报记者迎着骄阳，来到举世闻名的太行王屋山，走进河南济钢，亲身感受了280余万m^2的大国钢铁阵营。恰逢河南济钢60年厂庆之际，7000余名员工无不沉浸在节日的欢乐气氛中，感受钢的魅力，讲述钢的故事……

河南济钢董事长、总经理李玉田告诉记者，10余年来，周边的钢厂都已破产，我们还活着，通过持续不断地技术改造和产品结构调整，以高效的速度实现了跨越式发展，并创造了属于济钢的辉煌。河南济钢的“国泰”牌优质特钢以“逢山开路，遇水架桥”的气势，冲破一个个技术壁垒，腾空而起，成为新时代“中国制造”的践行与领跑者。

开创中国民营钢铁制造先河

在河南济钢采访，广大员工谈得最多的是，自2001年改制以来，给企业带来的经济与实惠。一位老员工声情并茂地告诉记者，那是一个钢铁寒冷的季节，正当全国钢铁走入最严峻的低谷危难时刻，不仅整个国家的钢铁外部环境危机重重，河南济钢也是在风雨飘摇中艰难度日，济源市“十大当代愚公”人物李玉田，顺应国企改制的大潮力挽狂澜，以大无畏英雄气概，面临一批批前仆后继倒下的钢铁同行，冷静沉着、认真分析解剖河南济钢的优势与问题，经过无数个日日夜夜，上下求索，潜心实践，对河南济钢提出了“要改就要真改，要触及产权地改”，企业5000余名员工共同出资，收购了企业的国有资产，组建了全员持股的民营企业，成为中国钢铁界产权改制吃螃蟹者。对此，广大员工感激万分。

据老员工介绍，1993年，李玉田服从组织分配从焦作市人民政府经济技术协作办公室来到河南济钢，那时叫济源钢铁厂，只有铁没有钢，3个100m^3的高炉，生产16万吨的生铁养活全厂4000多名员工，产品装备落后，劳动效率低，靠财政补助，政府救济过日子。1994年12月，李玉田大胆上了新项目——炼钢转炉，于是河南济钢有了第一座炼钢制造生产基地，从此济钢结束了“有铁无钢”的历史。当时成为全国同类工程中投资最省、建设周期最短、产量达标最快的三项“全国之最”。

老员工说，作为企业领军人物的李玉田既有敏锐的市场洞察捕捉力，又有愚公般的执着精神、铁腕式的强劲，当机立断，主导企业发展“两个坚持”，强筋骨，排内患，健机能，谋发展，在企业生死关头做出了正确选择。现在，广大员工纷纷称赞："没有李玉田就没有济钢，没有济钢就没有 7000 余名员工。这是值得跟随的领导！"

办公室副主任苏晓春告诉记者，她是辽宁大连人，1997 年与爱人大学毕业后从辽宁来到济钢工作。20 多年来，亲自见证了济钢风雨兼程、发展壮大的历史，如今年终分红回报丰厚，她想都没想过会有这样的好日子。在济钢像她这样的外地大学生们经过公司培养都已经扎根济钢、奉献济钢，实现了自己的人生理想，他们感谢有李玉田这样一位卓越的领导人、引路人！

铸就中国钢铁灵魂

走进李玉田的办公室，迎面的办公桌后挂了一幅"诚信为本"的大匾，这意味着"行有道，达天下"的深刻文化内涵，企业的灵魂生存发展之道！

宣传科张年农给记者送了一本他自己撰写的 10 万字左右的厚书——《愚公故里钢铁魂》，并说，李总不让写他自己，全是济钢劳动模范奋力拼搏的故事。记者心灵一震，随即翻阅了一遍。书中全面记录了济钢近几年获得省市级劳动模范的 100 余名钢铁战士。他们在自己的工作岗位上不屈不挠、甘愿奉献，以孺子牛的精神，铸就了一座新的钢铁长城。

记者在一线采访，受到了 3 位美丽的钢铁姑娘热情接待。其中一位姑娘让记者戴上安全帽，换上她的灰色工作服；孔丽君在前面带队；晁霞熟练地为我们讲解着一道道工序的冶炼方法、操作流程与产品。

我们从外监室到车间，再上高架空中楼桥，行走 1km 路程从二层绕个来回再到 3 层，边走边参观一个个庞然大物般的装备，雄伟的高炉、转炉、特大棒生产线等，像火炬，更像火红太阳，随着轰鸣的机械马达声，仿佛走进火山、美国大峡谷，一种恐惧感顿时而发，再抬头看看身边这两位钢铁美女闪烁着美丽的大眼睛微笑着给记者加油，不由地对她们产生强烈的敬畏之心，佩服她们的职业与勇敢。她们像灿烂的红太阳，有说有笑，与金钢光芒浑然一体。参观一个半小时，记者仿佛过了一个世纪，忍不住问她们是否都是学冶金专业的？晁霞说，"我大学毕业就到这里了，已经 20 多年了。当时，学校让我留校、到研究所工作。我想到一线、到基层来锻炼自己，这样理论和实践更容易结合，可以边干边研究。我的同学在研究所工作，与我讨论专业知识时，她对我的实践操作知识赞赏有加。"

"平凡中的不平凡"，生命的价值往往在于内心强大。她们懂得尊重、珍惜自己所学的专业知识，在平凡的工作岗位上，发扬团队精神打造出了钢铁奇迹。目前，济钢已在中原大地愚公故里跨入了世界大型钢铁联合企业行列前茅！

记者观摩济钢发展宏伟版图，一条承载着钢铁人精神的溴河缓缓通向特钢的浩瀚蓝海。老员工介绍，2016 年以来，河南济钢围绕特钢战略，持续深度转型升级，特钢产品继续向国内外机械装备业基础零部件领域延伸。目前，济钢人站在高规模、高起点上，激情斗志，信心满满，千言万语汇成一句话，“跟对了领导，找到了魂！”

打造中国钢铁堡垒

20 世纪以来，济钢总投资 80 余亿元，成功实现了产品结构“普转优”、“优转特”的转型升级改造，目前，已发展成为国内品种最多、规格最全（ϕ5.5 ~ 300mm）的优特钢棒、线材专业生产企业，是国内外机械装备业基础零部件材料的重点供应商。

据了解，河南济钢管理体系实现了与国际接轨，先后通过了 ISO 9001、GB/T 28001、ISO 14001、IATF 16949 体系认证。连续十年荣膺“国家产品质量免检”证书、“冶金行业产品实物质量金杯奖”、“冶金行业品质卓越产品”，以及连续多年荣获“全国守合同重信用企业”等荣誉。河南济钢始终以“实施名牌战略，追求质量效益，实现持续改进，满足顾客要求”为宗旨，实现了持续性发展，成为后来居上的中国特钢企业。

记者在大棒特钢生产线现场看到，金箍棒般的大特钢棒材像开了闸门的大洪水在源源不断地输出；走在空中吊桥通道上，道道门关张贴着“安全第一、质量第一、诚信第一”等大标语；空中悬挂的红色标语“打造国内一流全球有影响力的特钢精品基地”熠熠生辉。

苏晓春介绍，这些钢材产品已经进入代表国际第一档次的美国卡特彼勒、戴姆勒等 36 家公司，先后出口到美国、英国、德国、日本、韩国等 26 个国家和地区。在工厂宣传栏上看到，相关领导、国内外科学家、教授到河南济钢参观照片，其中，中国 973 首席科学家、钢铁研究总院副院长董瀚评价：河南济钢的优特钢转型是完美蜕变。

据工作人员介绍，质量管理水平和检测手段都实现了前所未有的飞跃和深刻的革命性变化，拥有国家认可实验室、河南省认定的省级技术中心、河南省博士后研发基地和河南省工程机械用钢技术研究中心，配置有扫描电子显微镜及能谱仪、电感耦合等离子体光谱仪（ICP）等优特钢品种 300 多种。

开启钢废循环利用新征程

“十二五”期间，济钢完成投资 60 余亿元的转型升级技术改造，有 1000m 级高炉为主的铁前工艺、LF 和 RH 精炼机、烧结机电除尘和烟气脱硫为核心的环保治理、高炉煤气发电、蒸气余热发电、钢渣热焖处理等 300 余项大型循环经济项目技术工艺改造和开发建设项目。

几年来，河南济钢不断缔造新技术新工艺新产品，携手上下游产业，成为绿色产业的驱动者，率先打破了传统钢铁企业“资源耗费生产钢铁产品污染排放”的线性发展模式，创设了“资源减量耗费—生产高效优特钢产品—废弃物综合利用、回收利用、再生利用、循环利用”的反馈式非线性发展模式，据中国钢铁协会数据统计显示，河南济钢经济效益综合指数名列全国钢铁行业前 10 位，河南省同行业第 1 名。

记者在现场看到，一系列现代化配套环保设施，用来截流烟气、粉尘等污染物的集成大工厂。由于火车装卸恰好停车休息，挡住了记者通往无烟工厂参观的去路，放眼望去，好像欧洲阿尔卑斯山的一个景点，雪白中透出一种凝静、深沉、厚重之美。冶炼水渣、钢渣、废铁、粉尘、烟气等废弃物，化腐朽为神奇，变废为宝，成了一道道美丽的耀眼风景线，蓝天下，这里没有黑烟滚滚，而是一派绿的景色……

在余热、余压、余气、废水、含铁物质和固体废弃物等的循环利用上，河南济钢投资 20.8 亿元，形成了高炉煤气回收利用循环链、工业废渣回收利用循环链、工业污水回收利用循环链、炼铁富氧喷煤系统，每年实现循环经济效益达 5 亿元。2013 年，河南济钢投资了国内先进的钢渣处理生产线，每年处理钢渣 50 万 t; 发电工程年发电量 2 亿度，年节能标煤 6.1 万 t; 建设了 3 条水渣微粉生产线，年产粒化高炉渣微粉 80 万吨，使吨铁焦比大幅度降低，进入全国先进行列; 成为河南省规模最大的矿渣微粉生产基地之一; 被国家发改委确定为全国节能示范企业。

2017 年，蓝天保卫战役中，他们又投资 15 亿余元进行了环保的整体改造，包括炼钢厂及烧结机除尘改造，原料堆场全部棚化封闭改造，打响了史无前例的碧水蓝天保卫战。河南济钢把企业发展与履行企业社会责任融为一体的发展模式，正契合了国家对企业的环保要求。目前，由河南省工信委力推的济钢区域加工中心已经成立，以河南济钢为主体的“河南省制造业创新中心”正在筹建，河南济钢在生态环保的区域环境上已枝繁叶茂，成为绿色生态型、集约经营型、环境友好型和可持续发展型的现代化钢铁企业。

河南济钢走出了一条可持续发展的战略之路，把绿色环保、社会责任和企业使命列入重要工作之中。老员工告诉记者，河南济钢已成功扎实完成了一套完整的可循环利用经济发展体系建设产业链，形成了固体废物循环上下游发展经济链、工业用水循环链和二次能源回收利用循环链，建立了高效、清洁、低碳、循环的绿色制造体系。

打造高质量发展的中原大工匠

一位 64 岁的老员工骄傲地讲述，河南济钢 60 年厂庆开幕式上，李玉田代表公司拿出 3000 万元人民币捐赠济源市扶贫基金会的故事。李玉田讲，一个人的家国情怀，在于始终以实现企业、社会、员工、股东的和谐发展为己任，用诚信与创新、大爱与无私铸就新时代的钢铁之魂。

据介绍，2010 年以来，河南济钢共发放 5150 万人民币资助省市教育、文化体育、老区灾区新农村建设等事业，曾冠名河南男子篮球队并先后承办了 40 多场精彩的国际、国内体育赛事。

目前，河南济钢正在筹划"二次股改"，让新入职的员工也能有股份，也能分享企业发展的成果，从而继续释放改制红利。河南济钢先后培育造就优秀技术、管理人才等 5000 多名，各种省市级优秀先进劳模 1050 名，为河南济钢的发展打下了坚实的基础。

融入中国钢铁新时代

河南济钢"国泰"牌建筑钢材先后参加了黄河小浪底工程、长江三峡、沁北发电、南水北调、西气东输、青藏铁路、四通八达的省内外高速公路、纵贯东西南北的高铁等国家、世界级工程。目前，"国泰"牌建筑钢铁以"国家免检产品"、"冶金产品实物质量金杯奖"、"全国质量稳定合格产品"等称号。

面对去产能，河南济钢虽被市场无数次假冒套牌出售至今屡禁不止，但从未被超越，这源于河南济钢人根深蒂固的品牌意识、质量意识与精品意识。河南济钢人以置之死地而后生的勇气，坚守和突围，历经坎坷，实现了完美蜕变，产品跻身于中国优特钢企业第一阵容，实行全员、全过程、全方位智能控制，国家各级质量监督部门抽查审核，产品合格率始终保持 100%。

2017 年，根据中国特钢协会统计，在 35 家重点优特钢企业中，济钢优特钢总量排名第五。目前，济钢已经成为国内唯一一家可生产 ϕ5.5 ~ 300mm 的规格全覆盖的棒、线材特殊钢企业。工业钢产品和质量在市场上得到了上下游用户的普遍认可，国内进入了以东风锻造、三环铸造等为代表的汽车用钢企业，以东风德纳等为代表的齿轮钢企业，也为我国大面积普及推广绿色节能新建筑、被动房新产业发展注入新的活力。

采访感言

钢铁丰碑

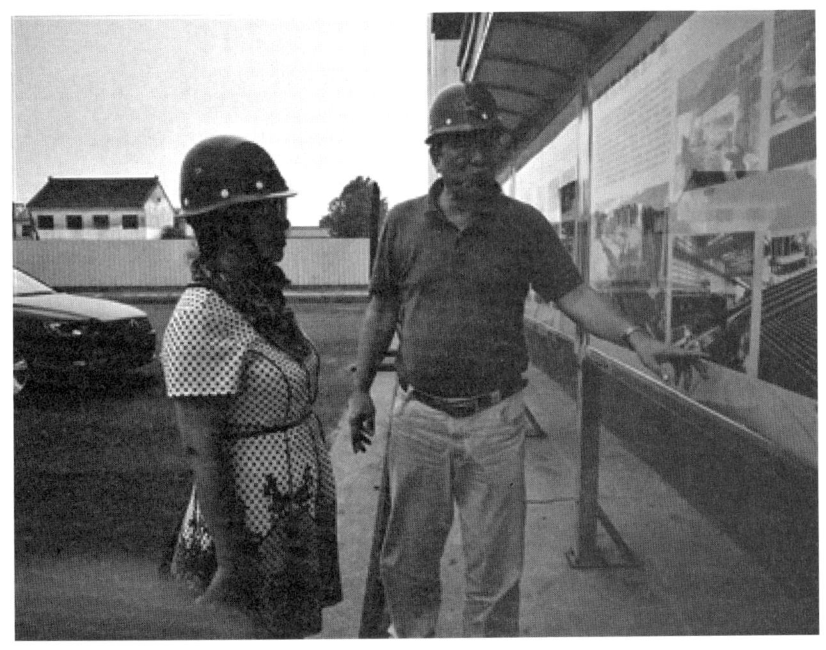

图为老员工接受记者采访

■ 张 华

巍巍太行，滚滚黄河，王屋山愚公故里荡起了钢铁魂，一座 280 万 m^2 的巨型钢铁工厂——河南济源钢铁（集团）有限公司（以下简称河南济钢），在这块土地上化腐朽为神奇，演绎了一曲钢铁神话故事。她承载了 60 年钢铁风雨兼程的伟大变革，使其一步步迈向新时代，开启新征程，竖起新时代的新钢铁丰碑！

天高云淡，绿色钢铁，花园工厂，一望无际的高科技现代化装备，数字化电脑控制系统……呈现在人眼前的是一片充满朝气的新兴景象。污水、废渣、废铁、粉尘、烟气等垃圾在这里变成了一道道灿烂耀眼的风景线。

这里有 7000 余名来自五湖四海的钢铁战士，其中有三代同堂的钢铁世家 31 户，兄弟连 73 户，夫妻 153 户，有来自于海滨城市大连、哈尔滨等地的五六十年代的老大学生；

有来自于黄土高原等全国各地的老三届、八九十年代的热血青年。他们为了自己的冶金专业，用勤劳的双手、智慧的头脑、坚韧不拔的意志力谱写了一曲不屈不挠、无怨无悔的壮丽诗篇。

掌门人李玉田有着独特的工业化思维、非凡的人生阅历，先后担任过主管工业的副县长、焦作市人民政府副秘书长兼经济技术协作办公室主任，再后来到河南济钢 25 年，潜心实践，大胆创新，经过无数次沉浮，终于闯出了一条适合自己的发展道路，为中国冶金、建材工业提供了新路径、新模式！

观看“济钢辉煌 60 年图片展”，一张张发黄的老照片，记录了济钢人自立自强、艰苦创业的伟大奋斗史。纵观一个个大工厂发展史上的沧海桑田，都凝聚着钢铁与人性、社会、历史等良性发展的硬道理，折射出钢铁与人生的哲学信仰：“钢铁是怎样炼成的”，“人是怎样成功走向辉煌的”，在某种意义上，她也是济钢人的精神丰碑。

1958 年，新乡地委组建地方国营济源县钢铁厂，1 号和 2 号 $3m^3$ 小土炉开炉出铁，也就是泥炉、烟囱、手拉鼓风的钢铁年代，转眼栉风沐雨 60 载，一座座现代化的巨型冶炼钢铁制造腾空而起，这里有美丽的河流、新时代的烟气发电厂、污水、粉尘处理站、废铁烂泥回收加工厂。他们说，钢铁全身上下都是宝，红彤彤的石水、铁水变成了耀眼的“金钢”。

目前河南济钢已昂首跨入中国优特钢企业第一阵容，成为河南制造业、中国制造业和世界制造业的钢铁供应商，年销售收入近两百亿元，头上的光环越来越璀璨耀眼……举世瞩目的黄河小浪底工程、长江三峡等国家、世界级工程，就连外国钢铁专家都交口称赞！

铁水奔流，钢花怒放，河南济钢曲折辉煌的创业发展史，如同一曲雄浑壮丽的交响乐般精彩壮阔，她用自己不屈不挠、勇于创新的精神，打造了一座新的钢铁丰碑！

第十六篇

李兆生

中国建材报

开启集成式被动房新征程

——访营口汇丰铝业有限公司董事长李兆生

“被动房下乡”

访谈录 — 李兆生

开启集成式被动房新征程

——访营口汇丰铝业有限公司董事长李兆生

■本报记者　张　华

党的十九大报告中指出：坚定走生产发展、生活富裕、生态良好的文明发展道路，建设美丽中国，为人民创造良好生产生活环境，为全球生态安全做出贡献。关于建设生态文明走绿色发展道路，集成式被动房（以下简称集成房）凭借真正的绿色、循环、低碳、节能、健康、环保、可移动、易存储、抗震等性能，展现在新材料、新建筑领域中的重要性，以及在新时代、新作为中的发展性、前瞻性等话题，11 月 25 日，记者采访了中国被动房集成建筑材料产业联盟副主席、辽宁营口东博新型装饰材料有限公司、营口汇丰铝业有限公司（以下简称东博、汇丰）董事长李兆生。

标准化 + 智能化 + 装配化

当记者谈及集成房的标准化体系建设时，李兆生说，2017 年 1 月，住房和城乡建设部分别发布了《装配式木结构建筑技术标准》、《装配式钢结构建筑技术标准》等文件，对相应的新建筑、新材料生产制造、设计规范、部品规格等提出了明确要求。这对于建筑、建材行业来说，是一项新标准、新内容。东博、汇丰作为新一轮建筑材料商，更关注建筑过程中的设计制作、施工验收、维护监督等工作。近年来，东博、汇丰开发创新设计集成式被动房屋，得到了社会广泛认可，闯出了适合自己发展的新路径、新模式。

谈及集成房的智能化特点，李兆生自信地说，集成房建造结构快速、严密、节约、省力，同时兼顾了环保、节能、简易、轻便、美观与灵活等特性，会移动又方便组装拆卸，可根据其运输方式分为组装式移动房屋和整体式移动房屋两种。目前，除了旅游、能源、医疗等行业系统会使用移动房屋外，其余地方还未进行普及推广移动房屋。东博、汇丰生产制造的新型绿色智能化装配式集成被动房屋完全采用 BIM 设计施工，所有轻钢构件以螺栓连接，易于拆解、移动、仓储，其拆装损耗极小。它能够通过工厂化生产的方式进行预制，较易实现规模化生产。房屋构件可多次周转使用，所用的新建材大部分可回收利用。

就东博、汇丰怎样一步步潜心实践，大胆探索和生产制造集成房的，李兆生说，东博、汇丰自主创新，大胆实践，研制开发、生产制造了集成轻钢结构和木结构被动房两种建筑体系，生产加工的产品有被动房门窗系统、被动房围护系统、被动房内外装饰新部品材料、被动房保温隔热系统、被动房水暖电系统等，以建造生产、开发设计、运营销售集成被动房为己任，运用拆装、快装和移动的集成被动房产品为全球客户提供建筑工程营地整体解决方案。东博、汇丰作为世界建筑制造工程营地成员单位之一，要践行中国优秀建筑、建材企业发展道路。

一体化 + 模块化 + 通用化

针对集成房的制造生产工序，李兆生淡定地说，集成房制造 90% 的工作在工厂完成，现场安装过程非常简单。为了降低临时建筑的使用成本，东博、汇丰以一体化、模块化、通用化的新发展理念为核心。一体化是组合安装基本成型。模块化是装配式的基本要素，在建造生产运输上的体现是工厂化作业，类似搭积木，但又比搭积木更加科学、严密、庄重、方便。它可以快速更换施工地点，其结构稳固性更加牢固，模块化单元自身材料全部为钢制组成，坚固耐用具有很强的抗震和抗压性，制造标准精细、严谨，不允许有丝毫差错。模块化建筑在性能上具有良好的密封性和严格的制造工艺，产品经久耐用，一般为整体结构，内有坚实的轻钢结构框架作为支撑。

对于集成房模块化建筑的功效，李兆生说，集成房模块化建筑也叫装配式建筑。其性能具有标准性一体化、通用化的概念，可以直接换装，快速卸装，全部实现机械化作业，节省大量的人力资源，施工工期很短，施工不受季节影响，质量还有保障，操作人员劳动强度简便、不累，劳动力资源投入相对减少。集成房具有临时性和简易性的特点，主体结构采用冷弯薄壁型钢等轻质材料，围护结构采用新型保温墙体，因而房屋整体重量较轻。集成房属小型房屋，跨度一般在 11m 以下，一台 7.5m 货车可以装运 180m^2 左右集成房屋的全部构件，一个 40 英尺的集装箱可以装运 300m^2 以上的房屋构件，结构简单，装拆十分快捷。一般情况下，4 个安装工人在一天之内即可完成一栋 100m^2 的房屋组装，以彩色钢板制作屋面和外墙面，色彩十分丰富。房屋高度、宽度有多种规格可供选择；长度可以根据用户的意愿制作，在规定模数范围内可任意增减，灵活组合。集成房屋通过按统一的长、宽、高的模数进行空间组合，轻钢结构件之间采用螺栓连接，实现了高互换性，可灵活地进行拆卸、移动，可多次周转使用，因而体现了很高的生产效率和使用效率，较好地体现了循环经济以及低碳经济的要求。

关于集成房屋的安全性能，李兆生强调并建议，根据国内外的实践证明，集成房既环保又安全，房屋的每个模块单元自身都有较好的抗压和抗风能力及水密安全性能，在全球范围内应用广泛，相关的运输和装卸配套设施比较完善。此外，模块化建筑有灵活、便捷、快速、安全、健康、环保、耐用、成本低、质量高的特性。其性能达到世界国际先进标准。因为它选用轻钢龙骨作为房屋的承重结构，钢结构房屋具有很好韧性和延展性，可以抵御 8 级以上地震，通常情况下，一栋 200 ㎡的建筑只需几周就能竣工。因为除了地基以外，轻钢房屋所需的材料都是在工厂生产后运输到现场像组装汽车一样组装的，这样不仅降低了施工难度，房屋的质量保障维护措施等足以达到了防火效果。如果把 EPS 等阻燃材料与玻璃棉或岩棉、矿渣棉等不燃材料制成组合芯材的新型墙体板进行有效结合，既可解决产品防水和重复周转使用问题又可通过不燃材料构造层解决房屋防火问题。

工匠化 + 工艺化 + 专业化

当记者谈到产品工匠、工艺、专业化时，李兆生说，东博铝业拥有一批专业的研发设计团队，主要面对国内外市场进行规划设计，尤其在工匠、工艺、施工等方面比较突出。东博、汇丰从专业化的角度打胶泥使用说明调配比例，合理掌握用量，胶泥倒入装有清水的搅拌桶中，开动电动搅拌器搅拌，搅拌至均匀无结块，需要静止 5 ~ 8min，再次简单搅拌即可使用，严禁把已干胶泥再次加水搅拌使用，胶泥可操作时间为 1.5h 且不大于 4h。产品建造时粘贴保温材料一体板采用点框法，框胶上应留有透气孔，保温装饰板与基层墙体的粘接面积应大于保温装饰一体板面积的 50%，拉伸粘接强度不得小于 0.1MPa；锚固安装，采用板材粘贴到位后，立即进行锚固施工，使锚栓有效锚固深度应不小于 50mm、锚孔质量要求应符合相关规范要求，填塞挂件垂直方向应紧贴基层墙体，严禁有空隙，饰面层平整度通过板材内置连接槽口和挂件长条孔，进行横、纵向调整，并用水平尺检测饰面层平整度、垂直度达到施工质量控制要求后，进行板材与挂件的紧固连接。

在被动房特别工艺气密性的制作上，李兆生说，集成房的缝隙，边边角角工艺，是一道特别工艺制作，尤其是填缝，需要把保温装饰一体板粘贴牢固后，板材接缝部位须进行密封处理，用单组分聚氨酯填缝，并使用与预留相适应的聚乙烯泡沫棒嵌缝填充，外口采用中性硅酮耐火封闭胶密封。最后在清洗的过程中，制定清洁方案，运用 BIM 系统细细地梳理各个节点避免损伤表面，清洁剂应符合国家规定要求，不得使用腐蚀和污染的材料，确保产品质量完全过关，每一道工序、每一个细节都是一项工艺、一个工匠。

在产品发展市场化的道路上，李兆生说，汇丰铝业经过多年的上下求索，摸索出了一套市场网络营销建设体系，构筑了一系列高效服务产品网络方案计划，时刻关注市场发展新方向、新动力，一切围绕客户的需求办事，紧紧把握市场脉搏，恪守以先进的生产设备，完善的检测手段，不断提高广大员工的综合素质，为客户提供优质、高效、诚信服务的庄严承诺。目前，东博、汇丰已在辽宁营口、江苏南通等地建厂生产销售，与马来西亚、菲律宾、美国等多国企业签订战略合作协议；与丹麦“温格润”公司合作，共同开发新型组合式被动房屋系列门窗应用系统，更好地服务社会。

绿色化 + 低碳化 + 节能化

关于集成房的节能环保、绿色低碳特性，李兆生说，木结构的墙体和屋架体系由木质规格建材、木基结构覆面板和保温棉等组成，测试结果表明，150mm 厚的木结构墙体，其保温能力相当于 610mm 厚的砖墙，木结构建筑可节能 50% ~ 70%。在环保方面，木材是唯一可再回收再产生的主要建筑材料，在能耗、温室气体、空气和水污染，以及生态资源开采方面，木结构的环保性更大，住宅质量更高。它可以减少建筑垃圾、减少碳排放，再加上木固有的芬芳精，属于 100% 纯绿色、低碳、环保型产品；在科技方面，它改变传统意义上的建筑模式，使人类的居住成本小，环境美，更能在环境保护上作出重大作用。它的能源效益是由建筑施工结构体系与新型材料所决定的。为此，它比较方便建筑施工，热工性相对比较好。它的墙面板是采用隔热的泡沫彩钢夹心板等绿色建材组成，无污染，为循环经济、低碳发展提供了有力保障，有效降低了采暖能耗，成了经济增长方式的新路径，也是大幅度减少建筑垃圾和环境污染的重要途径。

个性化 + 舒适化 + 健康化

谈到集成被动房屋个性化特点，李兆生说，东博、汇丰实行建筑整体全装修一体化工程，包括房屋建筑设计造型、园林景观、室内装饰设计等。东博、汇丰按照客户的要求量身定做，以高品位、高内涵、高质量设计开发出具有不同类型的建筑风格，同时配合室内雅致的精装修，按照木结构、钢结构特有属性，进行全面设计开发布局。目前，东博、汇丰已开发设计出不同类型的建筑产品 5600 套，得到了广大用户的一致好评。

关于集成被动房舒适度，李兆生说，集成房屋与传统的砖混结构房屋相比，面积增大，一般的砖混结构房屋的墙体厚度多为 240mm，而集成房一般在 140mm 左右即可。轻钢结构的被动房屋具有非常好的保温性能，因为他的设计是以安全、宜居为导向的，本身含有保温层和隔热层，杜绝热桥现象，冬天屋内不用主动使用暖气，可以得到保温效果，夏天不用空调，非常凉爽，真正做到了冬暖夏凉，室内温度基本分布在 25 ~ 26℃，使用寿命通常可达 30 ~ 50 年以上，对人体健康化发展具有保健功能。

木结构被动房屋不仅冬暖夏凉、抗潮保湿性强，还蕴含着醇厚的文化气息，淳朴典雅，由于木结构优异的保温特性，人们可以享受到来自大自然的天然森林气息，负氧离子，纯绿色的无污染产品，易于保持室内空气清新及湿度均衡。另外，木材具有相对其他材料的坚强韧性美，具有防晒、抗暴风雨、抗震的稳定性和完整性。

关于集成式被动房性价比问题，李兆生说，工薪阶层、普通老百姓一般都能接受，均价在每平方米 1500 元 ~ 2000 元之间，100m^2 左右的集成房也就 15 万 ~ 20 万之间。

高端化 + 市场化 + 田园化

对于汇丰铝业未来的发展，李兆生表态，汇丰铝业自创建以来，本着对行业的坚守和热爱情怀，团队精诚合作，走上了集成式被动房的生产制造与发展道路。我们专注于产品高端化、市场化、城乡化、田园化发展模式。目前，东博、汇丰已把产品发展到了农村、风景名胜区，提出了“被动房下乡”的新理念，与农民合作，不破坏耕地，严格按照国家的土地政策法规开展田园综合体，把集成式被动房落户乡村，为建设美丽乡村添上一道亮丽风景线。

东博、汇丰把集成被动式房做到极致，以高端化向世界亮剑，一如既往地发扬大国工匠精神，打造集成式被动房产业。东博、汇丰全体广大员工发挥各自所长，专注为客户提供更为节能和更为舒适的生活环境 ，真诚与客户携手创造未来，共同铸就辉煌，还地球最原始的绿色！

采访感言

“被动房下乡”

■ 张 华

采访李兆生，他提出了“被动房下乡”的新理念，深深地触动了记者……

目前，被动房产业已走进了新时代，迈向了新征程。超低能耗被动式建筑的伟大号角已在中华大地全面吹响，形成了勃勃生机的大好局面，如果能把被动房产业融入我国正在开发建设的田园综合体、特色小镇、新农村建设、城乡一体化等项目中，让被动房真正下乡，成为广大老百姓喜闻乐见的美丽家园，那么被动房在农村就可以大展宏图、大有作为。

站在国家的层面，集成式被动房具有大局观，对建设美丽中国、发展生态文明建设注入了新的文化内涵。田园综合体、特色小镇、养老等重大项目，从中央到地方，都相应成立了机构，并出台一系列补贴政策。但这些重大项目的开发设计、建设规划各个省市的发展进度不一样，有的刚刚起步，有的初具规模，有的正在筹划，如果把绿色节能集成式被动房引进规划设计、建设开发中，对改变中国建筑发展史具有新的里程碑意义，为中国新农村科技、文化建设增加新动力，也是构建人类命运共同体不断做出新贡献的标志之一。

站在民生的角度，集成式被动房省钱、省力、省工、省时、省物等，减少劳动力、空气污染、建筑垃圾、PM2.5、臭氧等，而且被动房冬天不用主动使用取暖设备，夏天不用主动开空调，可以节约大量的煤气、燃气、电气，既不用投资兴建电厂、煤气锅炉，又可以达到取暖效果。集成式被动房通过充分利用可再生能源，使采暖消耗的能源不超过 15kw · h/m^2，与标准房屋相比，被动房隔热性能更强，将成为未来节能减排的重要途径，对缓解能源紧张、减少二氧化碳排放量及大气污染等具有重要作用。

集成式被动房落户乡村有以下十一个方面的好处：（1）具有市场推广价值及升值的发展空间；（2）价格相对偏低，普通老百姓能够承受，1m^{2}1500～2000 元之间的房子，适合普通老百姓使用；（3）有利于人们的身体健康，具有恒湿、恒氧、恒温、恒静等功能；（4）改变经济增长新方式，提高农民发家致富新途径；（5）引领科技人才下乡，缓解大城市拥堵病；（6）提高全民节能环保，唤起民众节约能源的新意识；（7）向欧洲小镇迈进的新路径；（8）提供了集成被动房推广经验；（9）中央精准扶贫落到实处的具体体现之一；（10）推动建筑工业化发展进程；（11）为建设美丽中国增添了一道亮丽的风景线。

集成式被动房建筑体系轻便、大方、美观，具有欧式建筑、世界名画的韵味。集成式被动房成功的应用，充分说明了我国新建筑、新建材工业革命具有新力量、新元素、新声音、新内容、新活力。它的开启不仅意味着绿色、低碳、节能、环保新路径，对于我国大面积普及推广应用被动房产业发展具有指导性的意义，同时意味着新建筑、新建材将要引领世界走进被动房新时代，开启新型绿色节能房屋新征程！

第十七篇

崔源声

4 被动房

中国建材报

开启中国被动房全新时代

——访建筑材料工业技术情报研究所首席专家崔源声

"被动房"需要一个好名字

访谈录 — 崔源声

开启中国被动房全新时代

——访建筑材料工业技术情报研究所首席专家崔源声

图为崔源声接受记者采访。

■本报记者 张 华

“十二五”期间我国已成功实施了被动房节能减排示范项目。到目前为止，获得国际水平认证（PHI）的示范项目已接近20个，获得国内认可项目的企业近百家，民间自行建造的被动式低能耗项目千余家。随着这些项目的普及和推广，在“十三五”期间把我国实施能源消耗总量和强度“双控”行动落到实处，进而把节能作为经济转型升级、能源绿色转型的新重要抓手，综合运用经济、法律、技术和必要的行政手段，全面推进节能降耗工作，打下了坚实基础。

为进一步总结被动房大面积推广以及节能降耗工作中的好举措与好经验，围绕用示范带动与引领更多领域深挖节能潜力，推动高质量社会经济发展、改变经济增长方式，推动供给侧改革，促进循环经济发展等话题，立秋时分，在“2018 全国装配式被动房高峰论坛暨第五届中国被动式集成建筑材料产业技术交流大会”（以下简称福州论坛）召开前夕，中国建材报记者专访了建筑材料工业技术情报研究所（以下简称情报所）首席专家、国家二级教授、中国被动式集成建筑材料产业联盟（以下简称产业联盟）主席崔源声。

被动房已成为世界发展趋势

目前，被动房在我国虽然已逐渐铺开，但有些人由于对被动房缺乏了解，仍处于观望状态，甚至持怀疑态度。

在崔源声看来，被动房建筑概念是在 20 世纪 80 年代德国低能耗建筑基础上建立起来的。被动房建筑节能 90% 以上，不用主动采取传统的供暖和空调系统，就可以实现室内“恒湿、恒温、恒氧、恒静、恒洁”的健康舒适环境，结束人类几千年以来传统的“刀耕火种”的居住环境和生活方式。

被动式房屋在国外已有 20 多年发展史，欧盟一些国家已立法推动发展。譬如：德国某些城市规定，自 2015 年起，新建建筑必须采用被动式建筑；欧盟法令也要求，28 个国家 2020 年所有新建建筑必须采用被动式建筑。

政府是推动被动房发展的主要动力，我们希望各级政府关注民生，加强政策推动力度。

制定标准　引领世界

关于为什么开发商没有大面积开发与普及被动房，崔源声说，由于我国幅员辽阔，南北方气候条件不同，一共有 5 个不同的气候区，无法制定详细的统一标准。为推动重点地区的示范效应，在国家住建部门的支持下，河北省已于 2015 年在全国率先制订了全国第一个被动房地方设计标准。此后，住房和城乡建设部颁布了具有全国普遍指导意义的被动式建筑的设计导则。在这些典型示范省份和普遍指导原则的带动下，其他各个省份和示范园区陆续制订了符合各地气候条件的地方标准。比如，中德生态园积极推动中国被动房标准的制定：2017 年全国建筑节能标准化技术委员会被动式建筑技术标准编制工作组落户园区；中德生态园被动屋公司参与编制的住房和城乡建设部《被动式超低能耗绿色建筑（居住部分）技术导则》、山东省工程建设标准《被动式超低能耗居住建筑节能设计标准》已颁布实施；目前正在编制国家《近零能耗建筑技术标准》以及《山东被动式超低能耗绿色建筑技术导则（公共建筑）》、山东省《被动式超低能耗建筑节能构造图集》、《山东省超低能耗建筑施工技术导则》等标准；自主研发获批七项被动房专利；拥有自主知识产权的被动房高性能户式新风机组已在园区投产，填补了国内该领域的空白。若被动房要大面积推广，必须标准先行。

崔源声提到，产业联盟正在筹建中国散装水泥发展推广协会被动式装配建筑专业委员会，将在今年 9 月的福州论坛上宣布成立，并正式开展被动房相关团体标准的制定工作。力求在被动房创新驱动领域，发挥团体标准在预制构件和集成房屋标准制定方面的先锋和引领作用。

大面积推广　形成气候

关于建设被动房科研创新基地，打造被动房全产业体系，探索被动式建筑在中国发展的新模式问题，崔源声表示，面对日益恶化的环境和逐步匮乏的能源，建筑产业的可持续发展面临严重挑战。发展低碳环保、绿色节能的被动式、装配式、集成式等新型房屋体系，势在必行。

目前，装配式、集成式建筑等方兴未艾，被动式建筑也已全面铺开；先进地区呈爆炸式增长，偏远地区仍处在蓄势待发的爬坡阶段；配套的绿色环保建材生产鱼龙混杂，尚未形成标准和规模，严重制约了行业的转型升级，急需正确的引导和强力推动。

为了正确引导行业发展，产业联盟和行业协会正在积极组织本土化和本地化被动房示范基地和示范项目，力图在材料成本和建造施工等方面降低成本，9 月 6～8 日福州论坛将向业界报告有关示范基地和示范项目的进展情况。包括利用农作物秸秆设计和开发的低成本高性能的绿色被动房产品，以及工业废弃物生产的被动房结构自保温墙体材料，都将在未来的装配式被动房建设中扮演非常重要的角色。让被动房更快地走入千家万户，成为国家节能减排的利器，提供产业转型升级的抓手，勇做生态改善的标兵，助推精准扶贫和乡村振兴的全面落实，一直是被动房产业联盟和被动式装配建筑协会创建的神圣时代使命。

全面启动既有建筑改造被动房

关于既有建筑如何改造为被动房，崔源声介绍，福州论坛将着重与多家生产建筑材料单位研究探讨关于既有建筑改造被动房的问题。

把现有家庭改造成被动房，可以因时因地做些力所能及的工作，包括简单更换被动房门窗，或添加内外保温，或涂刷隔热保温涂料，或更换新风系统。由于每个家庭情况不一样，没有统一的模式，但是都可以在专业设计机构的技术咨询和指导下，利用被动房原理，不同程度地改善家庭的居住和生活环境。这次论坛将邀请国内外顶级专家，向业界传递国际、国内最新信息，包括既有建筑改造成被动式建筑的有关问题。但是，大会将主要介绍发展趋势、超前理念、先进技术，推广新材料、新工艺和新装备，并将重点介绍今年 3 月在慕尼黑召开的“第 22 届国际被动房大会”的新思想、新理念、新技术、新产品和新装备信息。同时，在会议现场设立“中国被动式、装配式、集成式等房屋和配套绿色建材展”。通过大会交流和展览，达到企业间相互观摩、相互学习和促进的目的。同时，为充分展示企业形象，树立行业品牌，本届大会将开展被动式建筑优秀供应商推介和交流活动，包括“联盟十佳优秀保温材料供应商”、“联盟十佳门窗系统供应商”、“联盟十佳新风系统供应商”、“联盟十佳新能源技术供应商”、“联盟十佳防水材料供应商”、“联盟十佳装配式被动房整体房屋提供商 / 建造商”等相关优势企业的宣传推广活动；针对有关致力于被动房事业的开发商和制造商，联盟将颁发战略合作伙伴和联盟示范项目推荐产品证书。该项活动由联盟统一组织，采取用户和专家推荐相结合的方式进行，企业自愿参加，不收取任何费用。

国际前沿　高点启动

谈及福州论坛的亮点，崔源声介绍，此次大会将围绕“国际前沿”的主题，组织开展各项专题报告，邀请国际知名专家学者莅临大会报告，让与会者及时跟踪国际被动房高科技发展的步伐，同步掌握国际被动房的前沿技术和先进理念。

关于政策宣讲方面，国家和建设部以及各先进省份新近出台和将要出台的建筑节能一系列政策法规和被动房标准解读。帮助参会企业了解最新信息，把握发展商机。

关于项目发布方面，介绍建设部、财政部、科技部和部分省份正在实施和将要发布的有关建筑节能的科技计划项目、财政支持项目、试点示范工程。引导参会企业申报参与和开发新的被动房项目，争取获得各级财政的支持。

关于商机对接方面，大会将邀请金融投资机构、房地产开发商、科研设计院所、建筑商、材料与设备供应商、技术商同台交流，形成产业链上下游交相互动，为参会企业提供商务对接机会。

关于技术转让方面，大会将为参会企业成果转让和技术推广提供重要平台，包括演讲交流、现场展示、资料发送、会下对接、商务洽谈、会刊介绍等有效方式。

唱响中国被动房故事

崔源声讲，目前，情报所与产业联盟全面组织编译出版“第 22 届慕尼黑国际被动房大会”新技术核心文献，在多家媒体公开传达了国际会议的主题报告内容，尤其是这次大会的主题——被动房的经济效益分析问题。

另外，情报所与产业联盟将邀请欧洲、美洲、日本等被动房专家到大会上做重要报告，详细介绍被动式建筑的发展方向与零能耗建筑、国外被动式建筑项目的案例分析，以及全国新建被动房项目发布。如全球第一座冷弯薄壁轻钢被动房项目、全国第一座秸秆被动房项目设计方案、住总集团通州副中心被动房项目规划设计、铁路系统被动房发展设想、被动式建筑在新农村建设中的应用等前沿和实用报告。

崔源声表示，装配式建筑如何与被动式建筑有效结合，以及装配式建筑存在的问题和解决办法等，这次会议都将全面解剖与分析。同时，会议期间将组织参观考察福建奋安铝业集团的幕墙被动房项目。该项目为全国首座幕墙被动房项目在福建奋安铝业建成并投入使用，该建筑也是全球同一纬度南方气候条件区第一幢被动式房。奋安门窗艺术馆共三层，建筑面积 5000 多平方米，由中德两国专家、设计师共同设计而成。其被动房集被动式系统门窗、新风系统、保温系统等处于目前全球最前沿的建筑技术水平，通过德国被动式研究所《德国被动房标准》认证。该建筑所采用的门窗均由奋安系统门窗研究院自主研发的铝系统被动式门窗，U 值达到 0.8 以下，奋安被动式门窗是中国第一套铝系统被动式门窗。与会代表可以去亲身感受和现场体验。

崔源声介绍，这次福州论坛的与会代表也将有机会受邀考察福建泉工集团的预制装配式建筑装备生产线，了解被动式和装配式建筑在机械制造方面如何有机结合的未来发展蓝图。福建泉工股份有限公司创办于 1979 年，是一家专业从事制砖机械及混凝土生产设备研发、制造和销售的国家高新技术企业，现已发展为中国最具规模的跨国性制砖一体化解决方案运营商，拥有德国策尼特公司、奥地利策尼特模具公司、印度制造公司等成员企业，在全球拥有各类工程师、技术人员 500 多人。作为国内砖机行业的龙头企业，泉工股份始终坚持“品质决定价值，专业铸就事业”的经营理念，采用德国技术在国内制造及装配，在引进国外先进技术的同时积极创新、研发，形成自己的核心技术。

关于被动房建造难点、拐点问题，崔源声说，本次论坛将邀请全国知名预制构件的生产单位负责人来讲解预制构件的生产工艺和流程、绿色建筑全产业链的现代化与转型升级等热点和国际前沿议题。国内外优秀建材厂商到会展示新产品和新技术，如森德新风、格亚德保温材料、风光电互补技术厂商、气凝胶技术等新技术在被动式建筑中的成功应用典范。

围绕被动房的气密性等重要问题，崔源声说，目前情报所与产业联盟邀请德国气密性检测协会专家作“被动房气密性的重要性及中德实现方法的对比”的报告，将尽快把详细报告数据及施工方案无偿奉献给社会。望各地开发商利用好政策，加快被动房力度，开启一个全新的被动房新时代！

采访感言

“被动房”需要一个好名字

■ 张 华

随着被动房产业的日新月异、蓬勃发展，关于被动房的名字也呈百花齐放、百家争鸣的局势。

“被动房”是德国人起的名字，美国人叫它为“会呼吸的房子”。在我国有“近零能耗建筑”、“被动式超低能耗建筑”、“生态房”、“环保房”、“产能房”、“新生房”、“聚能房”、“太阳房”等多种命名。

记者在诸多场合曾遇到这种情况：与会者经常会为被动房的名字而争论不休。曾在一次被动房高峰论坛上，关于被动房的名字问题，专家们唇枪舌剑，有人说，德国人起的名字虽申请了专利，但也不是不允许叫，关键是得做出中国品牌，做出中国式被动房，像中国高铁一样，让外国人羡慕。

中国建材报被动房专板，当时，由《中国建材报》社与中国被动房第一家开启者秦皇岛在水一方总设计师王臻共同发起。起初叫被动式超低能耗建筑，后来经多位编辑共同研究，认为“建筑”包含有建房子、建公路、建广场等各种施工工程，若把被动房称为“建筑”不太恰当。“被动房”从外延理解是不主动，但朗朗上口，言简意赅，最后大家通过认真研究决定，还是确定为“被动房专版”。

住房城乡建设部原科技文化中心国际联络部主任张晓玲说，就叫“被动房”，不管怎样有点老牌子的味道。

住房城乡建设部标准定额司副司长韩爱兴也多次与记者谈论关于被动房的名字问题。他总爱风趣幽默地说，就叫神仙房、节能房、低碳房。

中国被动式集成建筑材料产业联盟主席崔源声说，被动房是外文翻译过来的，国际上都这样叫，为了和国际交流，不好改变。被动房是比较专业的词汇，是建筑设计上的一个专业概念，和主动式建筑设计原理相对应，不能因为费解或听起来不太积极而否定它的专业含义或国际通行叫法。一旦达到专业水平的大众，大家就会习惯，而且会喜欢这个名字，会积极主动地利用被动式原理，来实现节能减排和建筑业的绿色发展。能够在高舒适度的被动式养生房和长寿屋里生活和工作，有什么不好？将来会通过加大主动式新能源的配置，以被动式为基础，以主动式为补充，不断加大主动成分，未来的被动房会向第二代近零能耗房和第三代产能房方向发展。到第二代和第三代被动房时代时，新的主动可再生能源占主导方式，愿意叫主动房也是可以的。目前看，被动房没有什么其他的词可以替代。

究竟什么样的名字才更让人广泛接受？记者电话采访了中国第一批被动房开拓实践领航者，曾在多家媒体公开发表《中国好房子》、《中国好房子的领航者》南通三建总裁、中国被动式超低能耗建筑联盟理事长周炳高。周总裁率领旗下团队从事绿色节能新材料研发、被动式装配式集成技术研究、被动式体系建设及保障运营维护全产业链，真正把被动房从理论变为现实。他说，被动房具有恒温、恒湿、恒氧、恒静、恒洁的特点，既是最适合人居、生活、办公、学习的高质量建筑，又是名副其实的节能环保的超低能耗建筑。其节能指标可达 90% 以上。他提出超低能耗被动房就是“中国好房子”，那么用“中国好房子”为之命名最为合适。

中洁集团董事长冯晓宏则非常坚定地称呼为“聚能房”。他认为，该名字简练，且能充分体现建筑的最优质特性。

记者分析，关于被动房名字问题，最后决定权在市场和大众口里。如果大众叫顺了，老百姓叫惯了，改口很难，官方有官名，老百姓有小名。但不管被动房叫什么名字，希望官方都能统一口径。是接地气还是随行就市，都要有一个正确明示，这对于大面积普及推广被动房起着极其重要的作用。记者认为，名字是用来称谓，应注重推广宣传，她代表的是我国劳动人民的智慧与结晶，以及创新发展的新时代新理念，为此，被动房的名字非常重要。

被动房是人们改变经济增长方式、推动供给侧改革、促进循环经济、对人类身体健康、节约能源等有着重要意义。不管是超低能耗建筑、近零能耗建筑，还是正能房，都是“中国好房子。”

如果被动房名字五花八门，会对全民普及开展低碳节能生活造成缓慢延期的效果。请相关单位尽快制定出合理、科学有文化内涵的名字，这对打造中国式被动房新时代，讲好中国被动房故事，引领世界等都有着重要推动作用。

行业花絮

定标准 守诚信 铸丰碑
绿色舒适住宅联盟在京成立

本报讯（记者张华报道） 为了落实国务院与住房和城乡建设部分别印发的《“十三五”节能减排综合工作方案》、《建筑节能与绿色建筑发展“十三五”规划》等文件，加快建设资源节约型、环境友好型社会，大力推进建筑节能工作。2017年7月24日，中国建筑节能协会绿色舒适住宅联盟成立大会暨联盟启动仪式在北京国家会议中心举行。意味着：我国将全面启动以被动式建筑为基础的绿色舒适住宅化时代。

中国建筑节能协会会长武涌，中国建筑节能协会秘书长、联盟专家委员会主任李德英，中国建筑节能协会副会长、联盟主任委员翟传伟，中国建筑节能协会副会长、联盟副主任委员房坚、冯晓宏，中国建筑节能协会常务副秘书长、联盟秘书长邹燕青，部分主管部门领导以及行业相关机构专家等受邀出席大会。

随着我国室内装饰装修业迅猛发展，消费者对建筑质量和家居环境品质产生了更高要求，而目前建筑节能普遍缺乏“以人为本”精神，忽视了人民群众对居住舒适度的诉求；我国建筑能耗在社会总能耗中占据较大比重，碳排放量大、环境污染严重等问题获得社会普遍关注，节能减排工作压力较大；中国建筑节能发展存在负健康状态，建筑节能不达标和假冒伪劣问题突出，严重阻碍我国建筑节能工作的顺利开展；国家着力开展的既有建筑节能改造、新农村建设和特色小镇等项目，迫切需求契合度高、高效环保的住宅节能模式，绿色舒适住宅模式完全填补了该领域业务空白；根据普通家庭住宅的装修周期，预计用10～15年时间实现绿色舒适住宅模式的大范围推广，拥有广阔的市场空间。绿色舒适住宅模式在坚持建筑节能的同时，倡导“以人为本”的理念，顺应时代潮流和社会需求。其认证体系是目前行业内唯一的住宅舒适度系统认证，是国际上的前瞻性体系，契合了行业发展方向。

大会强调：联盟企业所生产产品或使用的技术体系无专利等知识产权纠纷；获得联盟认证的企业对其所生产产品或所承揽的设计施工等业务的质量负责，接受第三方组织的性能检测，并承担相关检验检测费用；诚信经营，公平竞争，保障质量，永不涉假；联盟认证企业产品接受联盟组织的随机抽检，一次抽检不合格即处工程额十倍罚款，二次抽检不合格即同意进行媒体曝光；联盟认证产品在使用过程中出现问题的，按照“先赔付，后处理”的原则快速解决纠纷。产品责任企业承担消费者的一切直接、间接损失，并接受联盟罚。

会议指出：在当前同质化竞争激烈的态势下，寻求新模式新突破，强化技术竞争力。联盟拥有广阔的大平台化资源，整合住宅全产业链资源优势，可提供丰富、高品质的产品资源和优质市场资源。联盟认证具有广泛认可性和权威性，拥有联盟认证的企业产品和服务完全满足工业标准和执行规范，将以其质量可靠、技术先进、施工一流而得到行业和客户的肯定和信赖，成为企业走向市场的通行证。通过获取联盟认证，利用联盟提供的标准化管理、标准化施工技术，提升企业内部管理和生产水平。持有联盟认证，企业产品和服务具有显著的溢价效应，进一步增加利润推进发展。

李德英宣读批准成立绿色舒适住宅联盟文件并与武涌会长共同为联盟授牌，对联盟的未来发展寄予深切期望。他指出，绿色舒适住宅模式对行业未来发展具有重要意义，希望在其系统的整合优化、技术细则的深化完善、体系的实施应用过程中，各位专家委员和会员企业加强探讨研究，使绿色舒适住宅模式能够充分借鉴当前行业内的先进经验，实现核心架构持续完善，为中国建筑节能事业添砖加瓦。

联盟副秘书长金星主持对联盟工作规则和领导机构提名名单进行了审议和表决，获得大会一致通过。本届联盟新当选主任委员翟传伟发表讲话。他对积极承担联盟责任作了表态，并对日后工作进行了展望，希望与广大会员单位精诚团结，充分整合联盟优势，合力打造国内具有权威性和影响力的绿色舒适住宅认证、检测、培训机构，并助推会员企业开拓新市场，形成有可靠认证和质量保障的材料、设备、设计、科研和施工产业链，密切结合时代背景和行业政策，让广大企业获得更大发展。

浙江省住建厅原副厅长、浙江省建筑节能协会原会长段苏明，中国建筑科学研究院建筑节能检测中心主任、中国建筑科学研究院研究员、中国建筑节能协会建筑保温隔热专业委员会秘书长宋波，山东省墙改办总工程师朱传晟，北京中视浩诚国际广告有限公司董事长吴卫红等领导登台致辞，分别从各自所在领域对联盟推广的绿色舒适住宅模式给予充分肯定，并对联盟的成立表示热烈祝贺。

大会就联盟的工作重点、发展方向以及认证标准、质量监督等运行模式进行了全面的讲解。绿色舒适住宅模式通过制定人居环境舒适度标准，整合利用绿色舒适住宅各子系统，按照最佳匹配、最惠经济、最优设计的原则，严格进行产品认证、质量管控和能效检测，建造节能低耗、舒适宜居的人居环境建筑，提升住宅舒适度，并逐渐降低或摆脱居住建筑对传统的城市采暖管网和电网的高度依赖，有效降低建筑能耗和碳排放，使建筑的意义再次回归到舒适宜居的功能性上来，把以人为本、改善环境、节约资源、助力发展作为工作的出发点和落脚点，对我国未来建筑节能的发展具有重要引导作用。

大会最后进行了联盟与邢台市任县人民政府战略合作协议签署仪式，彰显了联盟的实力和影响力，标志着联盟作为中国建筑节能的一支重要力量正式扬帆起航。大会并共同发起绿色舒适住宅联盟承诺书。

会后本联盟秘书长邹燕青接受了记者采访，她说，全国住宅领域各行业龙头企业联合发起或积极参与绿色舒适家联盟设立，力争通过自身努力推广，使建筑节能真正能够为广大人民群众的舒适度服务，为中国建筑节能发展开辟一个新的路径。为保证绿色舒适住宅体系的功能性、可靠性，确保体系所用产品的质量和品质，强化企业自律，因此联盟制定了严格的入会标准和承诺。

第十八篇

刘仁普

中国建材报

“绿色脱模剂”助推装配式被动房发展

——访北京普力海达科技发展有限公司董事长刘仁普

贵在精神

天津嘉泰化工伟业公司参加慕尼黑第22届PHI被动房国际会议

“石墨聚苯板在中国被动房的应用”报告引发热议

访谈录 — 刘仁普

“绿色脱模剂”助推装配式被动房发展

——访北京普力海达科技发展有限公司董事长刘仁普

■本报记者 张 华

《建筑产业现代化发展纲要》要求，到2025年，装配式建筑占新建建筑的比例达到50%以上。目前，行业上下都在全力打造装配式被动房时代，但装配式建筑构造的配件、原料生产加工工艺、使用方法，以及助推供给侧结构改革，加速“中国制造”、“中国品牌”建设发展等话题，记者访问了高级工程师、我国水性脱模剂商品的第一人、中国民主建国会原北京市企业委员会委员、北京普力海达科技发展有限公司（以下简称普力海）董事长刘仁普。

创新驱动　书写行业新篇章

记　者: 咱们的普力海高效脱模剂产品是您退休后，不甘寂寞，组织一个研发团队自主创新生产制造的，这期间您肯定经历很多挫折、故事，甚至反对质疑 的声音。

刘仁普: 我本是位电子高级工程师，在电子行业里有点小成就。2006 年，我退休后在一家公司做高铁附属混凝土构件的工作，发现市场需要一种高质量脱模剂，经过多方调研，科学论证，征求专家意见，组织一帮人马开始研发，把国外先进的技术与国内行业特点相结合，经过几年潜心的研究与实践，投入大量的人力物力，大胆创新、摸索出了一条适合自己发展模式。应该说我是很幸运的，业内人称:"水性脱模剂商品的第一人"。

为了进一步满足国内大型混凝土建筑业多元化发展。我们解决了国内从无到有的问题，而且逐步研发了水性脱模剂系列产品，把脱模剂各个配套齐全的品种产业化、系统化。起初，也有反对，但我们未被干扰，认准事情就要大胆往前走，无论遇到什么挫折都要克服重重困难坚持到底。

记　者: 您今年 72 岁了，一点也看不出来，很有朝气。在这个事业发展过程中，最令您难忘的故事是什么?

刘仁普: 大概是 2008 年，研制初期，我们去请教一位大学教授。他派一位研究生来考察，结论是"您不具备研发条件"。当时，给我当头一棒。后来经过客观冷静理性的分析，我们没有听他的，继续工作，经过 2 个多月的日夜奋战，生产出了第一批样，请他来参观验收。他一检测，惊讶地问:"你们是怎样做出来的? 简直是奇迹。"

记　者: 心里有没有担心一旦失败怎么办? 面对失败您又有何应对办法?

刘仁普: 说心里话，很害怕失败，但是没有办法，既然选择了，就要干到底，顶再大压力、风险也要做下去。我们的第一代产品批量使用后，发现有些粘模，而且难于清理等问题，面对这一缺陷，我们又开始研究第二代产品，结果解决了粘模问题，又出现了灰分污染问题，又经过反复的多次试验、不断在生产实践中调整配方，终于在一段时间内，研制出了第三代产品。第三代产品，具有模具免清理的特性，能够为生产过程节约宝贵的劳动力，使我们有了新的建树、新的感悟。鉴于混凝土构件表气泡多发，影响构件外观，紧接着我们又研制开发出来第四代产品，终于大功告成。诸多领域可以放心使用无害的高分子材料，来逐步替代不可再生的矿物油，我们迅速在业内引起强烈关注。

记　者: 看来成功是一次次失败的组合。您愈挫愈勇，值得学习，从中得到哪些感悟?

刘仁普: 无论做什么事情，想好了，就要持之以恒，咬牙坚持到底，不断学习、思考、改进。坚持到底就是成功，切不可以随便丢弃自己的优势，频繁转换项目，到头来一事无成，人的百年之身，真正能为社会做点贡献的时间最多50年，事情没有高低贵贱之分，只要我们能够以身作则，做好自己身边的小事，就是一个强大的民族，一个欣欣向荣的民族。

产品到位 发展行业新动力

记　者：目前，我们国家在倡导“中国制造”“中国品牌”“中国质量”，请您站在装配式被动房产业发展的层面，用大白话解读一下普力海高效脱模剂概念。

刘仁普：举个例子，蒸馒头的时候要使用屉布或者在笼屉上抹一点油，馒头蒸熟了以后才能完整地拿下来而不是沾在笼屉上，屉布或油就是脱模剂。所以它的另一个名字叫隔离剂，装配式模块就像馒头，在制造时，如果没有脱模剂就要粘模，产品就不能顺利从模具里面拿出来，就会有瑕疵。这就是大白话普力海水性脱模剂的概念。

记　者：面对“去产能，补短板”咱们产品有没有影响？

刘仁普：现在政府已经禁止使用废机油做脱模剂了，国家的大型项目都有监理在现场监督，一旦发现，立即处罚，绝不怠慢，而且，在政府层面对脱模剂提出了更高的技术要求，因为它直接影响环境质量问题。譬如：废机油、地沟油、肥皂水，只要不溶于水的东西好像都可以做脱模剂，但对环境破坏很大，所以，去产能去的是不合格产品，我们只能以高质量、高品位的产品去适应市场。

记　者：现在，都在谈标准，请讲讲产品的质量标准。

刘仁普：普力海脱模剂产品固含量或者说有效含量已经达到了55%～60%，有效含量5%就可以脱模。按说兑10倍的水，就可以多卖钱，客户是很难觉察到的。但是我们是凭良心、道德在做产业，宁可少挣钱也要把产品做到位。

记　者：说得很好。那么它的最大竞争优势是什么？

刘仁普：普力海脱模剂具有容易浸湿，不粘模的特性；其次是成膜性快；三是有抗气泡的能力；四是具有抗氧化性的功能；五是防锈；六是消除灰分；七是自恢复特性；八是防霉等功能。

工艺精细　打造行业权威

记　者：现在一般老百姓认为，装配式建筑是搭积木，建一栋三层楼的小别墅少到7～8个小时，多也就1到2周，大家都很好奇，它会不会倒塌，装配式墙体的模具、脱模剂等会不会影响房屋质量，不结实，不牢靠？

刘仁普：住房装配化，是国外上一个世纪，就开始使用的先进技术，工厂化施工可以有效地保证产品质量，提高生产效率，保护环境，已经确立为住宅建设的基本国策，住户尽可放心居住。普力海脱模剂有幸参与装配式住房建设，是我们公司的荣幸。

记　者：请简单讲讲普力海高效脱模剂在装配式被动房上的使用方法。

刘仁普：先要稀释 1～4 倍水，类似沿着楼梯下水洗澡，只要站在楼梯上面，就是安全的。如果兑 1 倍水没有问题，下一次就兑 2 倍水，如果还好，就兑 3 倍，直到出现沾模不好的现象时，向后退一步，少兑 1 倍水，这个倍数就是最佳兑水倍数，原则是冬季施工用得浓一些，夏季用得稀一些，要求表面光洁度好时用的浓一些，总之，根据现场情况去掌握。

记　者：它工艺流程复杂吗？

刘仁普：不复杂，但精细。第一次使用本脱模剂的时候需要试验是否可用，一般为同一模具连续试验三次，第一次往往不会太满意，那是与过去使用的模具残留在上的脱模剂纠结，第二次开始好转，第三次才是该脱模剂的真实效果，千万不要因为第一次不好就放弃。涂覆的方法很多，只要有效涂上即可，注意避免漏刷那样会粘模，可以手刷，用滚轮刷，用喷枪喷，小型的模具最好浸泡后使用。如果出现与脱模剂有不相容之处，需要根据现场情况调整脱模剂配方。储存时尽可能避免冰冻，冰冻后需要自然解冻，搅拌后仍可继续使用，但是会损失部分功效。

节约资源　降低劳动成本

记　者：在供给侧改革时代，降成本、高效率是新产品的新任务，据了解咱们的产品最突出特点是降低劳动成本。

刘仁普：是的。随着民工劳动力的短缺，有些单位的民工宁可辞职也不去干清理模具的工作，这样，雇主就希望能够开发出一种减少劳动消耗的产品，脱模剂恰恰填补了这么一个空白，把混凝土浇筑完了以后，再把构件吊装出来后的模具表面光滑、清洁，基本不再需要人去清理，省掉清理环节直接做下一次浇筑。采用这种产品，可以把民工从蹲在地上的繁重工作完全解脱出来，使民工的劳动变成一种体力消耗不大，甚至比较愉快的事情。经验证，使用质量不好的脱模剂，一个车间每天得需 1 或 2 个工人清理模具，搭上工钱、材料费，每天至少消耗 200 元左右。使用了免清理脱模剂，这些问题全部解决了，节省下的人工费用就完全可以抵消脱模剂采购费用。

记　者：有没有具体案例？

刘仁普：免清理脱模剂已在北京榆树庄构件厂的楼梯和叠合板上开始有应用，在河北省廊坊市固安县榆构建材公司已经做了 10t 级以上的应用。其他像中国人民大学的工地和其他的装配式被动房生产企业也开始有批量使用，他们使用了以后都感觉很满意，像三一重工这样的著名企业也有详细报告给予肯定。

制定标准　满足行业需求

记　者: 面对供给侧结构改革，脱模剂有大量的市场需求，无论被动房、建筑、高铁、公路、水电站等行业都需要大量的脱模剂，可以说凡是有混凝土浇筑的地方，一定会使用脱模剂。在产品发展过程中，您有没有困惑和呼吁？

刘仁普: 目前，从国内市场看，脱模剂生产和使用处于鱼龙混杂的状态，小企业很多，没有统一的技术和环境标准，在没有人监管的情况下还在大量使用废机油进行脱模。国家应尽快制定相应的标准，规范脱模剂生产和使用是市场当务之急。我们要创新融合发展，走新技术、新产品道路，为装配式被动房生产做一流的配套产品、一流的服务。

采访感言

贵在精神

■ 张 华

目前，全国上下都在谈企业家精神，采访刘仁普最大体会是：做企业，贵在精神。

刘仁普 72 岁，前前后后自己开着汽车来找了记者 3 趟，介绍他的产品。由于他一次一次执着的精神，深深地感动了记者，并把相关建筑、建材行业的领导、专家介绍于他。记者看他这么大年龄还不辞辛苦，只为实现一个梦想，让祖国蓝天更加蔚蓝、祖国天空更加灿烂。

由此，记者在想，人的精神多么重要。前两天，记者跟中纪委驻住房城乡建设部原组长、住房城乡建设部原总工程师姚兵去开会。他 76 岁，在高铁上用微信写讲话稿，写完后，让我们提意见。当时，记者就问，您的精、气、神起源哪里？为什么总是这么激情四射，满腔热血？姚总说，这是一种能量与使命，只要想着答应别人的事情就要兑现，于是精、气、神就出来了。

俗话说，人活一口气，神受一炉香。如果一个人精神完了，就全完了。认为自己失败就真失败了，认为自己无颜见父老江东，就真的无颜见父老江东了。若不在乎失败，就没有失败。你在乎什么，他就是什么，种啥，得啥，全在自己的心造。

刘仁普研制的第一代、第二代，甚至第三代，都谈不上成功，但他不怕失败，淡定从容面对，继续冷静思考，认真分析原因，重新策划设计，继续往前走，坚持到最后，就是成功。只要自己精神不败，谁也打不败，如果精神败了，那就真的失败了，任何失败都是成功的母亲。

刘仁普从产品到技术、市场、组织形式等创新，全是一种精神力量在支撑。纵观世界上所有的企业家，都有一个共同特征，敢于冒风险和承担风险的魄力及敢于闯的不败精神。只有精神不倒才会一切不倒，自己意念不败，谁也打不败，精神败了，人就败了。其实敌人是自己，人生是自己与自己斗的一个过程，如果自己内心强大、自信、有实力，这个世界谁也打不败你，打败你的只有自己。为此，只有战胜自己，超越自己，才能走向更加辉煌明天，更加成功的道路。

行业花絮

"石墨聚苯板在中国被动房的应用"报告引发热议

天津嘉泰化工伟业公司参加慕尼黑第22届PHI被动房国际会议

（**本报讯　记者张华　通讯员薛桂彬报道**）3月10日，德国慕尼黑市，春雨绵绵，在第22届PHI被动房国际会议"亚洲专场"上，来自中国被动式外围护结构新材料代表团团长、天津嘉泰化工伟业有限公司总经理韩志才，演讲的题为"石墨聚苯板在中国被动房的应用"报告，引起强烈反应。

据PHI的官方资料和相关人士证实，自1996年举办被动房国际会议以来至今22年，没有一名建筑保温新材料专业人士于PHI的被动房国际会议上发表演讲。韩志才不仅是中国第一人，也是世界第一人。

报告指出，中国寒冷地区的气候特征为冬季寒冷干燥，夏季炎热潮湿。冬季的日平均室外气温为-10℃。夏季6月中旬至8月底持续高温，日平均气温为28℃，室内含湿量高。因此，主动式的采暖和制冷是必不可少的。自2009年中国引入被动房以来，其在减少能源消耗、最大限度降低对主动式机械采暖和制冷的依赖、明显提高居住环境舒适性等方面深受中国建筑节能发展的青睐。被动式低能耗建筑成为中国建筑未来发展的必然趋势。

韩志才说，被动房用外墙保温材料外围护结构的高效保温隔热性能对被动式低能耗建筑是十分重要的。目前，为确保被动房的年最大采暖热能仅为15kw · h/(m^2 · a)，中国被动房外墙外保温材料采用聚苯板（EPS）、悬浮法石墨聚苯板（SEPS）、挤出法石墨聚苯板（GEPS）及岩棉等。EPS板材的导热系数最高，达到相同的传热系数，板材厚度需要27cm。虽然单位立方的价格最低，但由于所需板材的厚度较大，综合的施工成本相较其他材料，优势并不明显。岩棉板材的防火等级最高。但由于岩棉的密度较大，导热性能较差，对外墙的承重能力要求更高，施工成本和难度明显增加。

韩志才用了大量的案例数据讲解产品性能及在市场中的成功应用。他说，根据《建筑设计防火规范》的规定，基层墙体，100m以下的住宅建筑应使用不低于B1级的保温材料，而100m以上必须使用A级保温材料，并应在保温系统中每层设置水平防火隔离带。防火隔离带应采用燃烧性能为A级的材料，防火隔离带的高度不应小于300mm。

因此，该项目外墙保温材料采用 120mm 和 100mm 两层 B1 级 GEPS 板材错缝拼接，以确保外墙的气密性。外墙每层分别设置 300mm 宽的 A 级岩棉防火隔离带。屋面保温材料采用 250mmB1 级 GEPS 板材，而地下采用 220mmA 级岩棉板。外墙、屋面和地面传热系数分别达到 0.13W/(m^2 · K)、0.14 W/(m^2 · K) 和 0.82 W/(m^2 · K)。

第十九篇

九华山

中国建材报

吹响被动房新时代的号角

——黄山与九华山"被动式乡村双百工程"创新纪实

被动房的春天来了

访谈录 — 九华山

吹响被动房新时代的号角

——黄山与九华山“被动式乡村双百工程”创新纪实

■本报记者 张 华

由中国被动式集成建筑材料产业联盟（以下简称被动式联盟）与辽宁省营口市东博汇丰铝业有限公司（以下简称东博汇丰）在国家一级风景区——黄山与九华山打造的“被动式乡村双百工程”（以下简称双百工程）项目近日全面启动，此举在业内引起强烈反响。

正值盛夏时节，记者顶着酷暑，跟随主办方领导一行来到安徽省黄山市黄山区甘棠镇与池州市青阳县庙前镇，实地考察了“双百工程”基地。当地政府与被动式联盟将要在这片青山绿水中共同打造出一片新型、绿色、节能的被动式建筑，使精准扶贫落实到位，让被动房产业走进新农村，引领科技专家、广大市民下乡，帮助农民奔小康。未来，他们将在这里描绘出怎样的宏伟蓝图，书写出怎样的宏伟诗篇呢？让我们来听听他们从心灵深处发出的时代最强音吧！

用全新理念鼓励市民下乡

在去往黄山的高铁上，国家建材情报所首席专家、被动式联盟主席崔源声写了一首《黄山之恋》的打油诗，发到微信朋友圈，引起了朋友们的关注。诗的原文是：我的家园一亩田，分时度假享全年；投资一处得全部，走遍全国有住处；谁要报名找联盟，投资建设李兆生；首个项目在黄山，假日乡村做酒店；众人拾柴火焰高，被动房里乐逍遥！

随后，崔源声告诉记者，近年来，被动房产业迅速发展，与此同时，大城市却交通拥堵，城市病越来越突出。为此，被动式联盟经过一年多的反复考察论证，决定在美丽乡村开发“双百工程”，黄山是第一站。“双百工程”的基本含义是，在全国建设 100 个示范基地，打造 100 户美丽的家园。目前，被动式联盟已建立了黄山基地群、双百工程管理群等。其目的是落实中央精准扶贫精神，把德国最先进的被动房理念引入到我国新农村建设中，鼓励引导城市广大市民下乡，帮助农民致富奔小康，共圆中国梦，为中国城乡打造世界级一体化绿色家园，也为国家一级风景旅游区再添被动房新景色，把本地资源与国际先进理念进行深度融合。

譬如，在这项工程中，可以把当地的竹木资源加工成具有当地文化特色的竹木被动房，这不仅代表国家与世界的先进水平，同时也反映出建设新农村、开发特色小镇、引进被动房产业发展的新思维、新理念。这项工程的开发也体现出逆城市化运动的多重意义，不但彰显出深度发展生态建筑与生态旅游高度融合的新视野、新潮流，同时能够满足部分市民走出城市回归田园休闲度假的美好愿望，此外也可以实现大学生回乡创业、农民工返乡生活的多重战略发展格局。

打造旅游 + 建筑的深度融合体

作为投资开发商的东博汇丰董事长李兆生表示，根据中央创建“田园综合体”的精神，他们在“双百工程”运营模式上，走的是乡村新型产业发展道路，是集现代农业、休闲旅游、田园社区、绿色建筑等于一体的特色小镇与乡村综合发展模式，结合农村产权制度改革，实现中国乡村现代化。李兆生强调，绿色建筑可根据土地性质进行建设与协调发展，可以在荒坡地上打桩布局，不占用耕地，起到节约用地的效果；通过发展乡村旅游业，带动农副产品深加工，开辟农民新的致富道路；通过建设被动房示范项目，然后大面积推广和普及，增强全民环保意识和节能减排等科普知识，引导人们转变经济增长方式。

以前靠单一的农副产品深加工为生，现在可以通过装配式被动房产业来谋求发展，不但节省了大量的能源、电费，减少了运营成本，还可以拥有舒适的绿色居住环境、促进当地的旅游事业发展、助力地方竹木资源的深加工、形成绿色的建筑产业、带动相关的十多个产业协同发展，从而获得更多的经济来源。站在国家发展的层面上讲，这项工程将有力地推动供给侧改革的深度发展。该项目充分利用当地优势资源，走发展循环经济的道路，采用谁投资谁受益的办法，鼓励全民参与，城乡互动，引导城里人到乡下投资，租赁乡村建设用地或闲置土地，流转废弃的宅基地、荒地或山坡地，以承包房屋、土地开发等经营形式，为贫困的农民创造出一条人人有活儿干、家家开旅馆、个个当老板的梦想之路，使家家户户都能实现五星级田园综合体的发展愿景。

引领科技文化产业下乡

谈到项目的定位，崔源声表示，该项目应该是特色小镇和田园综合体的旅游基础设施配套项目。为了进一步推进项目的实施，必须加快建立以企业为主体、市场为导向、官产学研紧密结合的创新体系。而创新体系的构建和有效实施，首先需要有创新思维。只有依靠创新思维，才可以实现创新成果的快速产业化，推动行业结构优化升级，提升行业核心竞争力，开创建筑节能的新纪元，促进我国城乡一体化的被动式超低能耗建筑可持续发展。被动式联盟以被动式超低能耗建筑行业的创新需求为导向，以形成独特的行业核心竞争力为目标，以超低能耗建筑技术为载体，通过研究适合中国不同区域特性的被动式建筑，结合市场化推广实践要求，为每一个地区提供特色的被动式超低能耗建筑体系，不断推动被动式超低能耗建筑行业自主创新能力的健康发展。

为此，被动式联盟首先选择了黄山、九华山两个示范基地。其目的是能够根据部分家庭的需求，建一个被动式节能绿色家园，可根据每一个人自己本身的风格喜好在互联网旅游叠加养老休闲的同时，参加一些社会公益和精准扶贫活动，帮助地方农民搞一些科技文化知识普及，促进城乡互动，化解大城市病，缩小城乡差别，实现共同发展、共同富裕。通过该项目的示范作用和随后的普及推广工作，使我国的科技文化下乡，在农村得到有力地落实、推广，引领农村绿色发展与可持续发展。崔源声表示："我们要把科技文化引入乡村旅游中，结合田园综合体开发建设体系，将发展被动房与青山绿水高度融合，打造世界上独一无二的具有中国特色的美丽乡村风景区。"

带动一个产业链的发展

黄山市黄山区甘棠镇镇长黄志兵等人在该镇会议室，认真铺开地图进行了全面的分析研究之后，又带领一行人进行了现场实地考察。最后他们决定，开发建设"双百工程"，造福一方百姓。众所周知，一个产业链可以带动农、林、牧、渔、加工、制造、餐饮、酒店、仓储、保鲜、金融、工商、旅游及房地产等行业的多产融合。对于农民朋友来说，远走他乡，在外打工，抛家别亲的牺牲太大。黄志兵表示，我们站在时代前沿，把德国技术被动房引进到本土区域内进行多元化发展，那么，它将要带动一个产业链的发展。像竹木业建筑、竹业深加工工艺、“一带一路”建设、旅游、民俗等多个产业融合发展的高效益模式，切实可行。这样做，就真正实现了城乡一体化发展的战略内涵。黄志兵还表示，要全力以赴支持配合开发商工作，把这项工作做实，争取保质保量在预定时间内圆满完成任务，给我们的农民一个完美的答卷。

在池州市青阳县庙前镇的九华山圣地，由市政协副主席李跃宜、庙前镇镇长何国等人陪同，实地考察了两处地段。李跃宜说，九华山风景区是国家首批重点风景名胜区、5A级旅游区、全国文明风景旅游区示范点，是中国四大佛教名山之一，具有得天独厚的地理条件和深奥的历史文化。与“双百工程”融合，就是要把当地世代形成的风土民情、乡规民约以及民俗演艺等特色文化发掘出来，转换成生产力，让农民和市民融合发展，共同体验农耕活动和乡村生活的苦与乐以及礼仪文化，以此引导人们重新思考生产与消费、城市与乡村、工业与农业的关系，从而产生符合自然规律的自警、自省行为，在陶冶性情中自娱自乐，化身其中，绿色发展。

李跃宜表示，大家已经认识到，缺乏盈利模式的项目是不可持续的，而拥有各种基础设施是启动该项目的先决条件，使其能够及时地提供一些关键性的基础保证，包括能够对后续的发展运营模式提供有效的保障。九华山历史悠久，文化源远流长，这里已经不是缺少现代化交通、通信、物流、人流、信息流的偏僻乡村，而是一个国际风景旅游区，一个对外开放，具有无限经济发展空间的世外桃源，欢迎全国乃至世界上的高级人才到中国一级风景区来定居、创业。

以乡村复兴和再造为目标

“双百工程”是把生产、生活、生态及生命的综合体融入被动房的元素，形成经济高度发达的绿色命运共同体和美丽家园。“双百工程”通过把农业和乡村以及被动房联系起来，作为绿色发展的代表，让人们从中感知、感悟，体会生命的过程，感受生命的意义和价值，分享生命的喜悦，创造人类精神文明新篇章。

在工业化和城市化的初始阶段，农业和乡村与国家和社会的落后往往紧密联系在一起，城市化和工业化的过程就是乡村年轻人大量流出的过程、人口老龄化的过程、放弃耕作的过程和农业衰退的过程，以及乡村社会功能退化的过程。

“双百工程”是乡与城的结合、农与工的结合、传统与现代的结合、生产与生活的结合、国际与本土的结合，以乡村复兴和再造为目标，通过吸引各种资源与凝聚人心，给乡村注入新的活力，重新激活价值、信仰、灵感和认同的归属感与使命感！

李兆生说，“双百工程”开展田园综合体建设，坚持以农为本，以保护耕地为前提，提升农业综合生产能力，目的就是：保护好农村田园风光，保护好青山绿水，实现生态可持续发展；确保农民参与和受益，带动农民持续稳定增收，让农民充分分享发展成果，更有满足感、获得感；让人们从中感到美丽乡村是充满希望的田野，农民是令人羡慕的体面职业，农村是宜居宜业的美好家园，城市人在那里也有一片蔚蓝的天空和一亩肥沃的土地！

行文至此，记者想起一句话——广阔天地，大有作为。

采访感言

被动房的春天来了

■ 张 华

黄山与九华山“被动式乡村双百工程”的启动，以及住房城乡建设部和德国能源署在中国各地被动房示范项目的兴起，标志着被动房的春天已经到来，被动房新时代的号角声已经响彻神州大地。

国家建筑材料工业技术情报研究所所长徐洛屹表示，我国目前的节能减排形势十分紧迫，特别是雾霾的大面积爆发，让我们感到任务艰巨、责无旁贷，而建筑业则具有巨大的节能潜力，可操作空间很大。国内外相关数据均表明，建材、建筑和相关流通行业的能量消耗十分巨大，几乎占国家总能耗的一半以上。因此，大力发展装配式与被动式建筑，为人们提供更适宜、更健康、更舒适的室内环境，更好地节约资源与能源、保护我们共同的家园，配套发展绿色建材、低碳建材和可再生建筑材料，势在必行！

建材行业，历来以建筑业为导向，为被动式建筑提供优质高效的配套建筑材料。而密切配合建筑业的转型与升级，是我们建材人的神圣职责和坚定不移的努力方向。

目前，不但世界发达国家在大力普及和推广被动式住宅，我国也紧随世界建筑改革的脚步，大力发展低能耗装配式被动房。许多项目将“钢结构”+“木结构”+“装配式”+“被动式”等创新性结合，不仅缩短了施工工期，也有效减少了人工、材料成本的支出，真正意义上实现了建筑的低污染、低成本、低能耗。

被动房是我国绿色建筑的重要发展方向之一，应该是绿色建材、低碳建材的主要服务方向和对象，而发展低能耗装配式被动房需要多行业协同合作、系统推进、共同进步。装配式被动房建筑强调的是施工过程中的技术手段，代表了建筑工业化的较高水平。它作为建造方式的重大变革，对于节约资源、减少施工污染、提升劳动生产率和质量安全水平、促进建筑与信息化工业化深度融合、培育新产业新动能、推动化解过剩产能具有重大意义。装配式被动房的出现，推动和引领了绿色建材的更新换代，将成为“十三五”期间建材工业最大的经济增长点。

建筑业已经先行，建材业必须紧紧跟上。随着装配式与被动式建筑进入大量建设时期，更需标准规范的建材产品“保驾护航”。建材生产企业应及时跟进，找寻到属于自己的定位，实现转型升级，在装配式与被动式这一关系到整个人类绿色发展的关键技术上共同进步、共谋发展，共绘地球生态圈，打造中国被动房新时代。

望广大建设者为被动房和装配式建筑及其配套材料的本地化献计献策，降低造价，以造福更多的民众。让我们大家为建筑和建材行业的协同发展、绿色低碳与可持续发展，共同努力奋斗！

第二十篇

虹溪谷

中国建材报

被动房 + 运动休闲：特色小镇新路径

——访辽宁虹溪谷控股集团有限公司董事长徐凤鸣

敢于挑战 勇于创新

访谈录 — 虹溪谷

被动房 + 运动休闲：特色小镇新路径

——访辽宁虹溪谷控股集团有限公司董事长徐凤鸣

徐凤鸣（左）与记者在交流

■本报记者　张 华

对于辽宁虹溪谷控股集团有限公司（以下简称虹溪谷），记者早有耳闻。该公司充分利用荒山、废地资源，打造出被动式绿色建筑 + 体育特色产业 + 休闲健身 + 温泉养生 + 旅游度假 + 农业观光 + 科技文化 + 国防教育等要素于一体的大型综合特色小镇，使体育与健身、养生有力结合，实现了人们回归自然、享受生命、修身养性、度假休闲、治疗疾病、颐养天年的目的，为节约能源、开发新农村、建设美丽特色小镇提供了新路径。

金秋时节，记者应中国被动式集成建筑材料产业联盟副主席李兆生邀请，来到渤海之滨——辽宁省营口市盖州双台镇，亲身感受到虹溪谷小镇之魅力，并采访了虹溪谷控股集团有限公司董事长徐凤鸣。

被动房 + 暖暖的温泉

记　者：据了解，虹溪谷以温泉而闻名，它的名字很有故事，具有极其深刻的文化内涵。此外，贵公司还与辽宁营口东博铝业公司一起合作，开发绿色节能被动房工程，请您介绍一下这方面的具体情况。

徐凤鸣：虹溪谷坐落在双台镇的思拉堡村，传说贞观十九年 4 月，李世民率军东征，途经盖州，以凿井打造温泉解除兵马劳顿，最后大获全胜，从此，这里就成了人们品山、品水、品温泉的圣地。虹溪谷四季如春，花开不谢。目前，我们在此共打造了 168 个温泉泡池，室内 60 个，室外 108 个。

虹溪谷的“虹”是美丽彩虹的意思；“溪”是森林小溪、泉水的意思；“谷”为自然天成、浑然一体，一种清澈、深邃、高雅的韵味，乃雨后彩虹——“赤、橙、黄、绿、青、蓝、紫，谁持彩虹当空舞”的意境。2007 年以来，虹溪谷始终站在战略新高度，以自主创新为大视野、大格局、大手笔，谱写人类健康文明史诗，并以山水之灵秀为契机，以“虹溪谷”品牌效益打造全新理念特色体育健身温泉小镇。目前，我们又与东博铝业公司联合开发引进绿色节能被动式房屋，为建设美丽乡村提供新路径。

记　者：在虹溪谷有“满目青山绿水，岭岭藏玉、水水含金”的意境，看起来暖暖的温泉与被动房功效相得益彰，请您给我们讲讲它的内在韵味。

徐凤鸣：虹溪谷依山而造，温泉品质纯正，富含氡、硅酸、钾、钍等各种有利于人体美容、养生、保健、长寿的微量元素，水温高达 97℃，储量、面积、水温、水质均列全国之首。虹溪谷温泉区占区域总面积的 30% 左右，是一个典型的山水合一特色小镇。其中，汤浴区占地 2260m^2，有 49 个泡池分布在 3 脊 4 沟中，分为一阳一阴 2 片区，即空中泡池稳坐洞旋、山顶，具有洞天世界、曲径回环之意境，由山石、花草、树木、庄稼、河流等要素天然组成，再加上双台镇本身固有的“泉乡、泉城”之美誉，简直就是一幅山岩起伏、曲径通幽、层林尽染的山水画。绿色节能建筑房屋与温泉水相依为邻，罗纳谷浴静谧、幽然；红酒、玫瑰、咖啡、啤酒、柠檬等浴清纯、自热，有山泉和溪泉互映在山林里的庄重、宁静、深沉、内涵之美；藏红花浴调理忧思郁闷，缓解麻疹；芦荟浴养颜护肤；鸡血藤浴调理女性生理健康……可以说，在虹溪谷每一个温泉浴室都有一个功能，像风湿、类风湿、风寒、股骨头、腰椎、颈椎等疾病，都可以通过泡温泉来治疗。此外，在虹溪谷还可以使人的审美、愉悦感自然而然地得到升华，达到天人合一的境界。

被动房 + 体育特色产业

记　者：目前，从战略层面上看，全国特色小镇已形成“百花齐放，百家争鸣”的格局。贵公司将绿色节能被动式建筑与特色小镇产业挂钩，这是一种新理念、新路径，那您是如何将这种理念转化为现实的？

徐凤鸣：虹溪谷计划从 2017 年至 2020 年，分三期开发体育特色产业，包括五大建设区域。一是品牌体育，包括山地滑雪场、戏雪娱乐区、高尔夫俱乐部、马术俱乐部、自行车运动基地、汽摩文化主题公园；二是国际青少年户外教育营地，包括团队野战体验园、国防教育训练园、团队训练活动园、森林探险挑战园、历奇儿童探险园、野外生存挑战园、童军先锋工程园、劳动技能训练园、自然科普认知园、安全应急教育园、营地服务功能园；三是运动养生调理区域，包括农业观光园、开心农场园、花海种植园、法式古典酒庄；四是生态体育公园区域，包括森林步道、房车露营地、儿童乐园和综合运动休闲区；五是运动休闲配套区域，包括小镇形式的商业街、大型温泉假日酒店、大型室内外水上乐园、步行商业街、影视演绎中心。此外，还包括部分住宅绿色节能被动房园区。

记　者：现在开始正式投入生产运营的项目有哪些？

徐凤鸣：目前，虹溪谷正在打造 16000m^2 的山地滑雪场项目，那里冬日白雪皑皑、林木茂密、空气清新，里面设有高、中、初级滑道及儿童滑雪场、单板乐园等。此外，还配备有雪地足球、滑雪圈、雪地飞碟、雪地摩托、越野滑雪道等多种游戏，并聘请国内一流的专家教练为游客提供滑雪指导。

虹溪谷旅游度假区马术俱乐部，拥有国际标准型的马术障碍及盛装舞步赛场。俱乐部拥有经过良好调教的国内名种马匹，建有环形跑道、障碍场地、调教场地等设施，供比赛和游人骑乘，并有经验丰富的资深骑师定期讲授各种骑术。高尔夫俱乐部是由美国著名设计师 Mr. Mark Hanson 挥笔设计的国际竞赛级球场，占地 1200 亩，球道总长 7311 码。天然的植被与独特的沙坑和水障碍完美结合，果岭线与球速多变化的美式果岭，将给每个球手带来惊喜体验和全新的挑战。

虹溪谷体育休闲运动养生项目，与被动式绿色节能建筑高度融合，既能体现现代休闲运动场的天然优势，又能呈现林泉溪谷间人工滑雪游乐场依山而建的独特风貌。人们在游览过程中，既可置身于马术场，于山野间奔驰，全然放松身心，又可会客于葡萄酒庄，在泉水边小酌，晚上再居住在绿色节能被动房里，真好比是神仙过的日子。

此外，公司开发的绿色节能被动房建筑也已初具规模，总共建了 100 多套，出售了几套，目前还在积极运营中。

被动房 + 文化产业园区

记　者：现在国家各行各业都在体现文化自信，以经济杠杆驱动文化内涵，请您谈谈虹溪谷是如何打造文化产业的。

徐凤鸣：目前，虹溪谷预计投资 8000 万元人民币建设文化广场，占地 1200 亩，开设 3 个文化影视演艺中心，4 个排练厅，1 个音乐厅，还有新闻发布和宴会厅，将作为虹溪谷的文化广场核心部分，全面推动当地文化演艺业、民族民间工艺产品产业、三维动漫艺术园区等新兴文化产业发展，这些艺术已成为虹溪谷旅游度假区一道亮丽的风景。虹溪谷汽摩文化主题公园就是一个明显的案例。它把具有未来发展空间的体育 + 旅游的产业项目有力结合，得到政府及众多专家的一致好评。

记　者：虹溪谷最突出的文化标志案例有哪些？

徐凤鸣：虹溪谷根据自身特色优势，已规划出越野场赛道 2.7km，这将是亚洲最大的汽摩运动文化广场，是集赛事、文化、体验、服务于一身的汽摩文化主题公园，已辐射东北三省地区。该项目依托优越的旅游自然条件，开发建设国际标准专业赛道，定期举办全国 COC 场地越野赛、越野车表演赛，使游客能够欣赏到最高级别汽车赛事成为可能，满足汽摩运动爱好者的强烈需求。而大家在文化公园体验的同时，也可再次感受一下被动房的舒适、清新，充分体会健康、绿色、怡人的生活方式，这就是虹溪谷的文化内涵，文化所在。

被动房 + 运动健身项目

记　者：贵公司打造特色小镇，其中融入青少年、儿童户外教育营地等内容，还与养老健身、被动房、农业观光等相结合，其意义、模式、路径都不错，请您介绍一下相关方面的情况。

徐凤鸣：虹溪谷根据自身的地理优势、地形特征、运营定位、经营特色、场地设施等，充分考虑青少年儿童发展情况，合理利用资源，开发设计打造国际青少年户外教育营地，占地面积 1920 亩，投资额约 1.5 亿元人民币。我们根据各项目器材的特点，力图体现青少年儿童户外活动营地建设的特性和功能。经辽宁省自驾游协会与国内相关行业专家多年的共同实践论证，结合辽宁省的实际情况，在依托其资源及区位环境优势的前提下，深入挖掘营地文化内涵，充分考量市场需求，按照国际化教育理念与国家营地建设标准开发建设。

鉴于吸收西方养老观，养老院与青少年儿童活动挂钩，虹溪谷开辟了儿童平衡车运动工程。据了解，这项工程目前在国内属于首创，其在西方已风靡多年而且极其流行。这项工程也是践行绿色低碳出行的理念，从娃娃抓起，通过对孩子们的骑行安全教育，培养健康环保新生代。虹溪谷运动休闲特色小镇在儿童平衡车基地修建了长久性的专业儿童平衡车室内外赛道，开展平衡车培训课程，并定期举办儿童平衡车系列赛，将有力推动新农村开发建设的步伐。

记　者：除了青少年活动场所外，还有没有其他体育赛事？

徐凤鸣：虹溪谷规划 1000 亩占地面积，投资额约 1.2 亿元人民币，打造自行车运动基地，开展国际标准亚太赛事，国家级赛事，省、市、俱乐部等一系列体育赛事及表演活动，树立独特的景区文化，吸引全国的驾、骑、游爱好者前来挑战、游玩。虹溪谷将打造体育产业示范基地、运动休闲旅游示范基地，推动体育事业实现跨越式发展。此外，辽宁省自驾游协会还首次引进 2017 中国山地自行车公开赛辽宁营口虹溪谷站。近期，虹溪谷要举办中国山地自行车公开赛以及 kids 户外系列赛，为国内外观众带来一场体育专项的山地自行车体育赛事，此项目受到省、市相关政府部门的大力支持。虹溪谷要逐渐打造成中国山地自行车公开赛骑行小镇、自行车主题公园，使之成为亚洲地区唯一一家山地自行车锦标赛常态化运营基地。

被动房 +AAAA 级景区

记　者：请您讲讲虹溪谷是如何打造农业游览观光园区的。

徐凤鸣：虹溪谷农业游览观光园分为蔬菜种植、名贵花卉、特种畜、禽养殖、休闲餐饮娱乐等几大区域。区内建设有绿色节能建筑水上乐园，总占地 553855m^2，由水上王国、发现王国以及水上探险三大片区组成。虹溪谷有法式古典酒庄 2 万 m^2，包括酿酒、葡萄种植、储藏、生产销售等。目前，此地已成为辽宁省最大的优质酿酒葡萄种植基地和东北最大葡萄酒庄，使游客在观光、采摘的同时，随时可以品尝天然的养生红酒带给人们的愉悦、保健作用。在这里，既能养生又能感受到田园风光，绿色节能被动式建筑的恒湿、恒氧、恒温等，是大自然赐予人类最美好的礼物。

记　者：现在人们开始倡导特色小镇，您认为虹溪谷体育运动特色小镇最大的竞争优势是什么？

徐凤鸣：虹溪谷拥有“泉、山、林、农”资源，景区绿化率已达到 75%以上，负氧离子含量达到 1500 个 /m^3 以上，日自涌量达 5000t，其储量、面积、水温居东北地区之首，优势显而易见。虹溪谷年接待游客数量将达到 200 万人次以上，年销售收入为 51000 万元，年可实现利润 23000 万元。虹溪谷将成为体育旅游集散地，变青山为聚宝盆，带动周边土地升值及农业产业升级。目前，小镇已取得国家旅游局颁发的国家 AAAA 级景区资质；被评为国内温泉最高品质的国家五星级温泉；荣获省级生态旅游示范区、营口市文化产业示范基地；国家AAA级信用企业；省级旅游度假区。虹溪谷已成为辽宁省一张亮丽的体育文化旅游名片，将逐渐解决2000个就业岗位，为当地培养一大批体育运营、旅游服务、行政管理于一体的复合实用型人才。

记　者：虹溪谷的战略发展目标以及远景规划是什么？

徐凤鸣：到2020年，虹溪谷要打造出一个具有体育+中医+温泉+被动房+农业+旅游+互联网+植物等于一体的运动休闲特色小镇。我们将把“专业式”体育和“观光式”旅游，转变为“平民式”体育和“体验式”旅游，实现“1+1 > 2”的效果。小镇的未来经营要考虑经济效益与社会效益相结合的可持续发展原则，不能只建镇不养镇，要以镇养镇，形成良性的可持续发展格局。在经营理念上，实行“旅游规划+赛事运营+营销管理”三位一体一站式解决方案，汇聚一大批活跃于国内旅游建设、赛事运营和营销管理方面的专家、精英团队，着力打造落地型精品项目，在体育+旅游快速发展的时代，致力于以国际化的眼光、精品化的标准、落地化的优势，向世界顶级旅游发展服务品牌迈进。

采访感言

敢于挑战　勇于创新

■ 张 华

面对“大众创业，万众创新”的新浪潮，举国上下各行各业已形成了人人创新的新态势。对于一个国家、一个民族、一个企业、一个团体，甚至一个个体的全面发展而言，敢于挑战、勇于创新是非常重要的一种精神。

人，无论干什么事情都要有敢于挑战、勇于创新的精神，否则，就很难走向成功。

虹溪谷投资集团有限公司敢于创新、挑战、引领、担当的精神，值得点赞。

这次采访，中国城镇化促进会副会长、“千企千镇”工程负责人王平生告诉记者：目前，中国经济到了快速转型时期，改革开放30多年来，工作中心一直在经济建设上，以后要从经济中心转入文化中心。以前是“文化搭台 经贸唱戏”，以后要“经济搭台 文化唱戏”，所以，我们要用真正的创新驱动模式来体现我们国人的文化自信。

如果一个企业的领军人物，不敢大胆使用人才，故步自封，前怕狼后怕虎，害怕出问题、承担责任，那么，这个企业就会失去魂魄，没有了创新精神，犹如一盘散沙，人人自危，互相嫉妒。大家在没有方向、目标的环境中成长，是很难有所作为的。混日子的心态会迅速成长，团体、组织、企业、单位就很难实现发展目标及远景规划。团队领导由于素质、风格不同，如果不敢于创新，就不能使自己的能力和水平发挥到极致，创造出良好业绩，只会虚度时光，懒政、庸政，得过且过，从而不能更好地开展工作、履行职责。相反，一个优秀的卓越的领军人物应当具备创新的激情，建立健全一套有效机制，大胆探索，推进行业工作发展的新理念、新路径。

作为一位优秀杰出的领导，应该勇于革除阻碍行业发展和队伍建设的陈旧观念和体制弊端，通过创新为实现行业正规化、现代化注入新动力、新活力。

领导者勇于创新，一是要善于学习国家方针政策，与时俱进，不断用新知识代替旧知识，用新思维改造旧思维，用新观念替换旧观念，使自己的思想观念跟上时代前进发展的步伐。二是要坚持严要求、高标准的工作态度，凡事精益求精，绝不是满足于应付凑合、马马虎虎、一哄而上、偏听偏信的工作状态，如果一个人总停留在老经验、老做法上，搞老一套，必然要落后，跟不上时代步伐，被历史所淘汰。所以说，创新是一个与时俱进的动态过程，也是一种积极向上的追求精神。三是要有勇于实践、锐意进取、敢于尝试的精神。记得上一次，记者在山东省邹城市唐村镇采访，该镇党委书记高胜说，人只有敢于实践，不怕失败，勇于承担责任和风险，才能有所作为。

开拓是创新的加速器。墨守成规谈不上创新，光说不干很难创新。发现问题是水平，解决问题是能力，掩盖问题是渎职，害怕问题是无能。那些该办的事情办不成，该处理的矛盾处理不好，该解决的问题解决不了，该攻下的难题攻不下来，就是水平低，缺乏创新精神的体现。一个优秀的创新者，是敢于挑战，虚心听取不同意见，敢于向广大人民群众学习，不断进取，不断推陈出新，走在时代前沿的先锋。

第二十一篇

邹城唐村镇

中国建材报

今年初，中共中央办公厅、国务院办公厅印发的《关于实施中华优秀传统文化传承发展工程的意见》中提出，到2025年，中华优秀传统文化传承发展体系基本形成，研究阐发、教育普及、保护传承、创新发展、传播交流等方面协同推进并取得重要成果，具有中国特色、中国风格、中国气派的文化产品更加丰富，文化自觉和文化自信显著增强，国家文化软实力的根基更为坚实，中华文化的国际影响力明显提升。

被动房与儒家哲学相得益彰

——山东邹城唐村镇被动式田园综合体创新纪实

建设美丽乡村与被动房同行

访谈录 — 邹城唐村镇

被动房与儒家哲学相得益彰

——山东邹城唐村镇被动式田园综合体创新纪实

■本报记者 张 华

今年初，中共中央办公厅、国务院办公厅在印发的《关于实施中华优秀传统文化传承发展工程的意见》中提出：到 2025 年，中华优秀传统文化传承发展体系基本形成，研究阐发、教育普及、保护传承、创新发展、传播交流等方面协同推进并取得重要成果，具有中国特色、中国风格、中国气派的文化产品更加丰富，文化自觉和文化自信显著增强，国家文化软实力的根基更为坚实，中华文化的国际影响力明显提升。

近日，被动式超低能耗绿色节能建筑在“孔孟桑梓之邦 文化发祥之地”——山东济宁邹城市唐村镇全面启动，这意味着儒家哲学和诸子百家“天人合一”的伟大理念，与被动房原理相得益彰、高度融合。

据了解，唐村镇党委、政府与中国被动式集成建筑材料产业联盟（以下简称产业联盟），以及中科建集团有限公司（以下简称中科建）、辽宁省营口市东博汇丰铝业有限公司（以下简称东博汇丰）等企业在儒家圣地以打造被动式田园综合体——孟乡小镇为主线，开发当地特色资源，摸索出一套集循环经济、乡贤文化、民俗风情、生态旅游等于一体的运营模式。

8 月初，记者随同该项目投资开发、规划设计、技术指导等方面的领导，就唐村镇被动式田园综合体开发建设创新发展等情况，进行了全面系统的实地考察、调研分析及战略部署。

被动房与“天人合一”理念吻合

在唐村镇的大街小巷、田间地头儿，均贴满了孔子、孟子等先贤的话语。其中，“天人合一”的理念与当今的绿色节能被动式建筑正好吻合。唐村镇党委书记高胜说，在儒家来看，“天”是道德观念和原则的本原，人心中天然地具有道德原则，这种天人合一乃是一种自然的、不自觉的合一，但由于人类后天受到各种名利、欲望的蒙蔽，不能发现自己心中的道德原则。人类修行的目的，便是去除外界欲望的蒙蔽。孟子说的“求其放心”，就是达到一种自觉履行道德原则的境界，这也是孔子所说的“七十而从心所欲，不逾矩”。“天人合一”由庄子总结阐述，后被汉代思想家董仲舒发展为“天人合一”的哲学思想体系，并由此构建了中华传统文化的主体内容之一。“天人合一”的思想在儒家思想体系中表达的非常透彻，譬如儒家认为：宇宙自然是大天地，人则是一个小天地。人和自然在本质上是相通的，所以一切人事均应顺乎自然规律，达到人与自然和谐的目的。

产业联盟主席崔源声介绍说：“被动房是通过科技手段，利用天然的被动式原理，借助高度气密性和超低传热的建筑围护结构，再通过无热桥设计、高效保温门窗、带热回收的新风系统与可再生能源相结合，充分利用人体和电器等散发的热量，使室内常年保持在 20～26℃，有恒温、恒氧、恒湿、恒静的长寿养生功效。人们不出门，在屋子里就能够吸收到新鲜的空气、纯净的负氧离子，享受到天然氧吧独有的舒适、健康、清新。这种被动式建筑功效形成了人与自热的天然合一，与东方儒家哲学‘天人合一’理念相吻合。可以说，中国传统文化思想理念助推被动式绿色节能建筑产业发展，必将其引向一个更高的文化内涵，助力其转型升级。我们可以结合儒家哲学理念把被动房产业分享给世界，彰显中国文化之魅力，开创中国历史建筑新纪元，书写具有中国故事、中国风格的被动房新篇章。”

被动房与乡贤文化同行

近年来，唐村镇在大力挖掘内部潜力、积极推行乡贤文化方面，走在了全国前列。新华社、人民日报、经济日报、搜狐、新浪等多家媒体对此均有报道。他们制定出台了《唐村镇乡贤推选实施方案》《新乡贤文明行动实施方案》等制度文件，对新乡贤的定位与作用进行了明确界定，建立完善了新乡贤选任、培训、管理办法。镇党委、政府按照自上而下的方式寻找乡贤，推选出了 31 位优秀的新乡贤，包括退休干部、退休工人、老支部书记、老医生和经商成功人士等。镇里通过开展乡贤文化活动，聚集了上千名贤人雅士，创立了孟子学堂、梦想基金会等，吸引了全国各地甚至国外客商到孔孟家乡投资办企业，引领城市科技下乡，帮助农民脱贫致富。目前，镇党委、政府又聘请清华大学、人民大学等高校教授、专家学者若干名，开设“习贤讲堂”及“乡贤论坛”，并通过组织参观政德教育基地、潘氏家祠和潘榛图书馆等进行乡贤培育，已累计授课 43 次。目前，唐村镇 29 个村，村村有文化、精神、理念，户户有《家训》。譬如，记者在秦刘村看到，每家每户的院墙上都画有国画，配上《家风》：“积善之家，必有余庆；连根养根，根深叶茂”等。

在今年 5 月的一次“乡贤文化”论坛上，唐村镇发出了开启绿色节能被动式建筑的倡议，提出用乡贤文化带动绿色节能被动式优良房屋品牌，以更好保护自然环境和绿色能源，改善人类社会环境的生存状态，保持和发展生态平衡，协调人类与自然环境的关系，保证自然环境与人类社会和谐共生，推动绿色环境创新驱动发展。倡议得到了大家的一致认可，接着推选出了由乡贤组成的绿色节能被动式建筑队伍，在外乡贤也积极对家乡支持与反哺，现已呈现资金回流、企业回迁、信息回传、人才回乡的大好局面。唐村镇宣传委员孙兆兴还来到济宁市拜访了著名的父子作家杨义堂、杨树林，并邀请杨氏父子到唐村镇参观了潘氏家祠，杨氏父子向潘榛图书馆捐赠了自己的 3 部长篇小说。许多村干部都积极参与到寻访乡贤的活动中，他们先后到上海、山东济南、江苏南京拜访本村的乡贤，诚邀他们回乡看看，共谋发展。

被动房与儒风唐韵融合

唐村镇开展“儒风唐韵”新乡贤文明行动以来，致力于探索通过新乡贤文明行动带动传统文化的回归，找到激活农村发展的新活力。他们先后打造了潘榛图书馆、乡贤文化展览馆、乡贤公园、潘氏家祠、如松工作室等文化场所，集中展示乡贤文化。此外，他们还举办了乡贤新春茶话会、小乡贤阅读工程、乡饮酒礼、锣鼓唢呐演义等大型文化传承活动，取得了非常显著的效果。据了解，每年前来潘榛图书馆、王炉村乡贤馆和邹鲁乡贤馆参观游览的人次平均在 3 万人以上。

打造社会主义新农村、发展田园综合体，在孟子故里传统文化发源地，有着得天独厚的天然条件。唐村镇党委、政府在认真调查研究的基础上决定：一是充分利用当地文化特点，使游客在参观古迹的同时，增加乡饮酒礼民俗的恢复环节，从而吸引游客、增加地方知名度；二是开启具有中国文化特色的被动式建筑，把东方哲学理念与绿色节能被动式建筑融会贯通，打造天人合一的生态建筑家园。这样，使广大游客在唐村镇，一边吸收着中国传统文化博大精深之魅力，一边亲身感受具有现代气息，集绿色、节能、减排、增效、环保、低碳、舒适、健康等于一体的被动式绿色家园。用旅游、休闲、民俗、教育、文化、绿色建筑等集成要素，推动农村田园综合体开发建设发展，同时借助开发超低能耗被动式建筑这一龙头产业，吸引外地人来孟子故里——唐村镇生活创业，这是该镇的目的所在。崔源声说：“这一活动的开启，必将对我国大面积普及、推广和发展被动房产业，继承传统文化，建设新农村，开展农村田园综合体、特色小镇建设等起到巨大的推动作用。”

被动房与孟乡小镇联姻

2015 年 7 月，唐村镇创建了以循环经济为主导的孟乡小镇，顾名思义，“梦想小镇”。

通过“三老带一新”的方式，盘活整合老矿区、老矿校、老村庄，创立新的创业园区——583 创意园、创客空间和驷马庄园。583 创意园主要建设了孟子彩塑展陈馆、运动场地及沿河湿地公园；创客空间为服务中心及办公场所，招引循环经济、“互联网 +”、文化创意以及生产性服务产业等相关项目入驻，并为入驻者提供“三免三补”优惠政策，着力打造小微企业孵化平台。2015 年，孟乡小镇被评为济宁市小微企业创业示范基地、山东省第一批众创空间、获得支持创新创业特殊贡献奖，2016 年 3 月入选推动创业创新突出贡献众创空间。

今年，唐村镇政府又成立了特色小镇工作领导小组，并下发通知，由镇党委副书记、镇长张雷担任组长，镇人大主席孙召泉等 11 人担任副组长，镇相关主要领导、部分村党支部书记为主要成员。领导小组下设办公室，并任命办公室主任，亲自到位专抓此项工作，把被动房请进孟乡小镇，与中科建、东博汇丰等绿色建筑、建材企业强强联手，喜结良缘。他们将在产业联盟的技术指导下，共同牵手打造中国首家特色小镇被动式绿色节能建筑园区，探索我国首家美丽乡村建设、田园综合体发展的新路径、新模式。

中科建董事长王增涛、东博汇丰董事长李兆生得知这一消息后匆匆赶来，经过现场实地考察论证，纷纷表态要投资加盟、共铸辉煌，并当场与唐村镇政府达成协议。王增涛说，中科建要在孟乡小镇打造出我国第一家集现代化、规模化、生产化、质量化等综合效益于一体的大型装配式被动房生产基地。它将把发电厂、建材厂、建筑工程等有机地结合起来，形成上下游产业供应链，把我国美丽乡村建设打造成绿色、健康、智慧、休闲、安逸、温馨等于一体的多元化发展体系。

被动房与美丽小河相依

唐村镇有望云河、胜利河、兴利河、龙头河、孔家河、白马河等 6 条美丽的小河，分别贯穿 29 个小村庄，前呼后拥，悠然自得。它们与荷花、芦苇、野草、树木、庄稼、果园等相交汇，形成了一幅天然的原生态画卷，除了几座不同风格、玲珑别致的小桥以外，几乎没有任何的人工雕琢。据了解，该项目的整体规划设计是由中国建筑标准设计研究院全权负责。该项目负责人许晔告诉记者，在新形势下，前期策划、规划要做好战略引领，融合各方智慧，为土地高效、集约利用，为供给侧改革创新保驾护航。特色小镇建设引入田园综合体、建筑产业化、被动房概念恰逢其时，乡镇规划要结合当地产业、地域、文化特点，集中与分散相协调，及时做出相应调整。被动房首期工程将在孔家河与龙头河等小河交汇处的驷马庄、秦刘村安营扎寨，平安落地。低碳、节能、环保的被动房将偎依在美丽的小河旁，在万亩杨树、千亩桃园、三五清泉、万顷庄稼、千古家训、万古圣言、百亩菜园的相拥下熠熠生辉，引领中国美丽乡村建设发展新方向。

中轩北京规划建筑设计院院长李晓真说，被动房入驻孔家河，与老子的“上善若水”理念相契合。水以博大的情怀滋养万物的美德，无私、无怨，不图回报，乃人生之大道，这也是中华文化自信的体现之一。被动房坐落在水旁还有一层含义，就是把生态理念贯穿到田园综合体的内涵和外延之中，使田园综合体成为一个按照自然规律运行的绿色发展模式，成为宜居宜业的生态家园，保持旅游生态原汁原味，突出儒家哲学发源地的特点，构建起以美丽乡村为基础、以休闲为支撑的综合群落平台，形成当地农民社区化居住生活、产业工人聚集居住生活的新模式。

被动房带动绿色田园生活

据了解，唐村镇的新农村开发建设，从治理改变美丽乡村的河道开始，进一步落实开发建设各项服务和保障功能到位，包括服务农业生产领域的金融、技术、物流、电商等，服务居民生活领域的医疗、教育、商业、健康，以及服务外来游客的集散、咨询、接待、交通、购物等功能都要逐项分期分批投入运营。目前，镇党委、政府在15个工作日内，已全部完成了安置驷马庄广大农民的搬迁工作，确保广大农民的福利与保障不出问题，基本上达到了户户满意、人人开心的效果。

在实施的路径上，镇党委、政府鼓励基层创新探索，坚持以政府投入和政策支持为引领，激发综合体发展动力和创新活力。在资金投入方面，要改进财政资金投入方式，综合考虑运用补助、贴息、担保基金、风险补偿金等多种方式，提升财政资金使用效益。田园综合体建设主体多元，要通过财政撬动、贴息贷款等模式，引入更多的金融和社会资本。在秦刘村的西口，记者发现一位老人正在田里种植蔬菜。据了解，他今年69岁，从邹城电厂退休后，一年花1200元承包村里一个小菜园，一边种植瓜果、蔬菜，一边养生，不为赚钱，只为让家人与朋友能够吃上自己亲手种植的放心菜，目的就是图个乐儿。这样的田园生活，使城乡居民能够深入到乡村，亲身感受到田园生活的美丽、清新、怡人，使人们能够在游览、赏景、登山、玩水等休闲活动中，亲身体验劳动的快乐及居住被动房给人们带来的舒适、健康。

建设美丽乡村与被动房同行

■ 张 华

唐村镇党委、政府在建设美丽乡村的同时，大胆引进开发超低能耗被动式绿色节能建筑，把建设美丽乡村与被动房开发建设有机结合在一起，并用传统文化理念引领开发建设被动式建筑，值得点赞。

党的十八大明确提出："要把生态文明建设放在突出位置，融入经济建设、政治建设、文化建设、社会建设各方面和全过程，努力建设美丽中国，实现中华民族永续发展。"

建设美丽乡村与被动房同步，是推进生态农业建设、推广节能减排技术、节约和保护农村资源、改善农村人居环境、落实生态文明建设的重要举措，是在农村地区建设美丽中国的具体行动。如果各级政府和企业在创建美丽乡村的同时，把特色小镇、田园综合体，甚至精准扶贫与开发建设被动房同步进行，会使社会主义新农村更加节能、环保、低碳、绿色。

建设美丽乡村与被动房同步，是推进农村经济发展方式转变、加强农村土地资源环境保护的有效措施。因为装配式被动房屋节约土地资源，减少发电厂、煤气燃料取暖等建设成本，可节约大量人力、物力、时间、金钱、物流成本。它是资源节约、环境保护、经济增长的新路径、新思维、新模式，是发展现代化农村、农业的必然要求，也是实现农村经济可持续发展的必然趋势。

建设美丽乡村与被动房同步，可以改善人们的居住环境，是提升社会主义新农村建设水平的需要，不但能够引领科技知识人才下乡、大学生回乡创业、农民工返乡，还可以推进生态人居、生态环境、生态经济和生态文化建设。它是创建宜居、宜业、宜游的"美丽乡村与被动式绿色节能建筑的新王国"，也是新农村向欧洲小镇迈进的第一步，贯彻落实城乡一体化发展的新举措。

建设美丽乡村与被动房同步，是加强农业生态环境保护、推进农村经济科学发展的需要。在农村，推动被动式房屋建设，节约用电成本，无疑是供给侧结构性改革的一大突破。

据相关人士对秦皇岛在水一方被动房入住居民的调查表明，C 栋 12 楼 502 号，建筑面积 179m^2，2015 年 11 月 5 日 ~2016 年 4 月 5 日，冬季采暖费用为 1058 元，相比秦皇岛地区同面积传统城市热网供暖，节约费用为 3933 元 / 年。如果在建设社会主义新农村的同时，再使用上被动房，所节省的能源可想而知。面对巨大的能源危机，望各级政府立即行动起来，开发推广被动式建筑势在必行。

在当今如火如荼的新农村建设中，如果能与建设开发被动房同行，将是利国利民的大好事。希望在新一轮城乡一体化规划设计中，建设社会主义美丽乡村与被动房一路同行。

行业花絮

邦达绿色新型装配式房屋出彩住博会

本报讯（记者张华报道）金秋十月，2017年住博会上，宁波邦达实业有限公司（以下简称邦达）与清华大学建筑设计研究院、北京华美科博科技发展有限公司等单位共同开发研制生产的“冷弯薄壁嵌套式（柱梁）钢结构建筑体系”——“邦达绿色新型装配式房屋”，在E2-830展馆亮相，持续3天展会共接待各类参观者超3100人次。意味着绿色节能装配式建筑技术应用推广新时期到来！

随着建筑工业化时代的到来，装配式钢结构建筑，是新时代的产品、产业，是我国建筑业的改革与发展。发展装配式钢结构建筑，不仅是国家发展的战略，更是全社会生态发展的需要。国家力争用10年时间使装配式建筑占到新建建筑的30%。宁波市则要求2020年全市实现装配式建筑占新建建筑比例达到35%以上。为此，邦达联合清华大学建筑设计研究院实施启动“邦达绿色新型装配式房屋”，继“冷弯薄壁嵌套式（柱梁）钢结构建筑体系”停车技术之后的又一项新技术、新发明，是我国绿色建筑的发展中又一个重大新突破，也是国家战略性新兴产业之一，是传统土木建筑业转型升级的重要方向，前景非常广阔。

据了解：“冷弯薄壁嵌套式（柱梁）钢结构建筑体系”——“邦达绿色新型装配式房屋”，与传统土木建筑相比，钢结构建筑具有“轻快好省”四大特点，强度高，自重轻，抗震性能好，且对环境破坏小，不受施工季节影响，能减少建筑垃圾和环境污染，节省人工费用70%以上；是传统建筑时间80%；可节约建筑面积30%，是绿色建筑的主要代表，在发达国家被广泛采用。其结构及连接方法技术和产品具有更大的性价比、品质高、成本低、差异化等优势，符合工业4.0的趋势，具有美观、省料、省工、省费、省时、安全、耐用等特点，目前，这一超低能耗嵌套式型钢及其连接技术在环保、节能、节材、耐用、易安装等诸多性能上处于国际领先地位，已取得国内专利72项，其中国内发明专利29项，取得美国、日本、欧盟等国际发明专利20项。

2017住博会上，“邦达绿色新型装配式房屋”首次亮相，得到了众多用户的询问和业界专家的高度关注，也得到了住房城乡建设部相关领导的充分肯定。清华大学建设设计研究院和北京华美科博发展有限公司领导也纷纷表示：产品通过这次亮相，要把邦达的嵌套型材建筑结构体系与清华大学 SW 建筑围护体系相结合，把“新型的绿色装配式建筑”，尽快推向市场。

邦达董事长朱建华告诉记者：下一步，邦达要以发展装配式钢结构建筑为己任，完善建立健全全产业链的技术体系，开展创新多样化的产品设计体系，尽快提升部品部件的智能制造体系，打造互联网的商务集成体系，促进EPC工程总承包的运营模式的发展。

第二十二篇

代学灵

中国建材报

"德国被动房"与"中国窑洞"一脉相通(上)

——访福建江夏学院教授代学灵

记者手记

讲好"中国窑洞"故事

行业要闻

被动式建筑创新发展国际研讨会暨被动式超低能耗绿色建筑专业委员会成立大会在曹妃甸举行

访谈录 — 代学灵

“德国被动房”与“中国窑洞”一脉相通（上）

——访福建江夏学院教授代学灵

■本报记者　张 华

十九大报告中指出，讲好中国故事，展现真实、立体、全面的中国；加快生态文明体制建设，建设美丽中国。

据了解，德国被动房与中国窑洞建筑理念一脉相通，这对加快我国生态文明建设，讲好中国故事，具有重要意义。关于我国古窑洞建筑文化如何发扬传承与保护，以及在我国部分地区普及推广实施“城市窑洞”等话题，近日，记者来到古建筑文化发源圣地——福州，采访了福建江夏学院国家一级注册建造师、工学博士代学灵教授。

红色摇篮引领绿色建筑深度融合发展

记　者：延安、西柏坡等革命圣地窑洞被人们称颂红色摇篮。她承载着我国特殊时期独特的革命内涵和艰苦奋斗的精神。而今，依山而建的土窑洞进入变革和发展时期，表现出旅游、教育、文化等诸多的产业功能和作用，那么我国的古窑洞理念能否像德国被动房理念一样全球唱响，如何讲好这个中国故事，请站在您建筑设计专业的层面，给我们讲讲。

代学灵：我国爱国主义教育示范基地延安的枣园、杨家岭及西柏坡等革命旧址的窑洞就是原生态的“被动房”。在建设美丽中国的今天，一方面拯救传统的土窑洞，发展旅游文化与红色文化传播结合，让当年的土窑洞情景再现，使游客体验作为中国革命摇篮和熔炉并孕育出诸多伟大精神的土窑洞的独特魅力，挖掘窑洞文化的革命内涵，弘扬革命者艰苦奋斗的伟大品质，打造与众不同的“红色窑洞宾馆”，开发窑洞的医疗保健功能，既要实现窑居民众的窑洞情思，又不断提高传统窑洞建筑的功能及品位，实现窑居生活的微型城镇化，把人类建筑史上的窑洞奇迹，变成中国建筑文化的宝贵遗产，构建中国建筑文化摇篮，向中国长城一样，成为世界建筑一大奇观，这对于讲好中国故事具有特殊政治含义，同时也是一道亮丽风景线；另一方面又要不断创新，借鉴古窑洞保温隔热原理，利用新材料、新技术、新工艺，打造现代“城市窑洞”，使“中国窑洞”式超低能耗建筑唱响全球。

记　者：中国窑洞所具有的被动房的特性、功能具体体现在哪些方面？

代学灵：窑洞是原生态的“被动房”，德国被动房与“中国窑洞”式建筑理念是相通的。窑洞被建筑学界誉为中国五大传统民居建筑形式之一，这种原生态民居院落充分利用地下空间、发挥本地自然材料特性，蕴含着很强的生态意义和“天人合一”的哲学思想，最贴合当代社会所倡导的生态建筑文化范畴。对于山区，平整耕地很少，窑洞顺山势而建，通过横向挖取室内空间，节约资源，将土地资源的利用发挥到了极致。此外，由于黄土的比热容值较大，土层的隔热和保温作用较强，冬暖夏凉，又可以阻隔大气中的放射性物质，长期居住在窑洞内，患气喘病、支气管炎、风湿病、皮肤病等的概率会大大下降。国际上研究未来建筑的建筑师们认为它是人类回归自然的建筑形式，未来在建筑形式、建筑功能、节地节能等方面还可以走得更深更远。

窑洞文化的传承，应以保持窑洞的本土性、真实性、核心技艺为前提，把窑洞文化中包括传统匠作技艺、窑居装饰、窑居民俗文化等原生态文化资源转化为可体验的物质形态。曾有人提出，“革命旧址区＋窑洞功能区＋窑洞体验区”的三区发展模式，以独特设计与传统窑洞样式为依托，融入当地文化色彩和地方特色，展示窑居文明与窑洞文化的魅力，展现风土人情、地方特色。

“中国长城”式的中国窑洞

记　者：国外专家称，中国窑洞是“没有建筑师的建筑”，而被动式超低能耗绿色建筑也称为生态建筑、可持续建筑。请您从生态环保的角度，学术层面，谈谈被动房与古老窑洞的准确定义。

代学灵：“被动房”理念，就是利用围护结构自身的高热阻，使建筑冬天冻不透，夏天晒不透，从而实现“恒温房”，体现出房屋的“被动”性，同时利用天然能源地能和太阳能使建筑在近零能耗，达到冬暖夏凉，其实这就是古窑洞的原理。在建筑全生命周期中，以最节约能源、最有效利用资源的方式，尽量降低环境负荷，同时为人们提供安全、健康、舒适的工作与生活空间。其目标是达到人、建筑、环境三者的平衡优化和持续发展。利用窑洞原理，实现现代“城市窑洞”式绿色建筑是将来的发展方向。“城市窑洞”式绿色建筑定义是：利用新型绿色高效节能的建筑材料、科学合理的结构构造方法，对城镇建筑进行设计或改造而形成的形状上不似窑洞，而功能上胜似窑洞的专利建筑。该建筑 2007 年在李珠教授主持下已获得国家专利，也称玻化微珠整体式保温隔热建筑。随着人类环境意识和可持续发展意识的觉醒，超低能耗绿色节能建筑已成为未来建筑的发展趋势，我国新建建筑和既有建筑的“绿色化”、“生态化”势在必行。这等于向世界人民亮剑—中国窑洞，如同中国长城般的响亮，屹立于世界东方，像中国高铁一样，让全世界人羡慕。

记　者：“窑洞”是咱们国家的专利，单单从外观看，它具有独特的建筑风格，那么从内涵看，与德国理念的被动房又有哪些相同之处？

代学灵：中国是传统土窑洞的发祥地。窑洞是在我国黄土高原地区巧妙利用地形、土质建造的民居，具有与被动房同样的功能就是冬暖夏凉、恒温、恒湿、恒静、恒氧、节能、隔声、洁净等特点。窑洞建筑有利于生态平衡、保护原有自然风景、适应特殊的区域气候、满足人类的居住生活需求、延年益寿、环保生活等特征，它是一种典型的、造价低廉的“绿色节能建筑”，传统土窑洞凝聚着中华民族的智慧和悠久的建筑经验，是中国历史和文化的积淀。关于传统土窑洞居住环境研究的大量文献充分表明：窑居生活是人类长寿的生活方式之一，统计结果显示窑洞居民比砖瓦房屋居民寿命长，平均增寿 6 岁左右。窑洞与被动房功效完全一致。

记　者：关于中国窑居文化，众说纷纭，有相当一部分人认为，住窑洞是贫穷落后的象征，不如到城里住高楼大厦，还有一部分人认为，应该保护、改造既有窑洞，它是中国文化瑰宝，其意义相当于中国长城，应搬到法国罗浮宫去展览，请您站在文化的层面，谈谈您的感受。

代学灵：在没有窑洞之前，我们的祖先为了防风、避雨、御寒选择了就是“穴居”。那个年代，能住上天然“窑洞”的先人，应该是当时的“富人”，先人们体会到洞居的冬暖夏凉，就模仿大自然的造化，依山面水建造了窑洞，祖祖辈辈过上“窑居”生活，尤其在黄河流域，形成了风格各异的窑洞建筑，凝练了华夏文明独特的建筑风格，积淀了居住价值和文化内涵，她可以称为中国特殊建筑丰碑。民间流传着这样的话“客人来到我家堂，别笑我家无瓦房，窑洞好比神仙洞，冬天冷来夏天凉”，还流传“有百年不漏的窑洞，没有百年不漏的房厦”。另外，窑洞文化的深层次内涵在于窑洞本身固有拱顶式的构造建筑特点，非常符合力学原理，顶部压力一分为二，分至两侧，重心稳定，分力平衡，具有极强的泰山稳固性。为了住着放心，也往往在窑洞里使上木担子撑架窑顶。很多窑洞经过几代人，风雨相传，几易其主，修修补补，仍不失其居住价值。过去由于山区交通不便，水电不同，同时改革开放和城镇化的发展，年轻人外出务工，部分窑洞是被废弃，只有留守老人有相当一部经济条件差的仍住在窑洞里。因而一时间窑居成为贫穷落后的象征。然而，随着高速公路、高速铁路网络建设，村村通工程实施以及返璞归真生活理念的普及和国家美丽乡村建设力度的加大，近年以致将来，在交通便捷的乡村拥有一孔窑洞乃至一个窑洞院的天然“被动房”，将成为部分城市人的追求，这将对我们倡导推广普及窑洞产业发展带来很好的契机。在我看来，拯救、保护、开放窑洞村落意义非常重大。

乡土文化精神内涵的延承

记　者：目前，我国“窑洞”建筑发展局面是什么状况？

代学灵：据调查资料显示，目前我国大约有 4000 万人仍居住在传统窑洞建筑内。随着人们对居住环境要求的提高和节能意识的加强，更多城市居民渴求能住上有现代特色的窑洞般的绿色节能建筑，然而在现代城市中建造传统窑洞几乎是不可能的。我国是一个窑居比较普遍的国家，从新疆吐鲁番、喀什，敦煌、平凉、庆阳、甘南，山西临汾、浮山、太原，河南郑州、洛阳等地区。在人类历史的发展过程中，人类的居住方式经历了原始穴居、人工穴居与半穴居时期。自从有史料记载以来，“穴”可谓人类最原始的“家”，经过历代变迁，由“穴”发展延续下来的窑洞建筑没有从建筑大家族中淘汰出局，反而随之也进行着自己的变迁，时至今日仍焕发着极强的生命光彩。它经历了靠崖窑也就是下沉式窑、接口窑、独立式窑、薄壳窑、并排石窑、绿色新窑居等阶段，体现了对传统土窑洞的继承、创新与发展，尤其是对乡土文化精神内涵的延承。

记　者：走进新时代绿色节能建筑、建材，既是生态又是跨界，您如何看待绿色节能建筑、建材体系发展？

代学灵：绿色节能建筑结构新体系是在生土结构，土木结构、砌体结构、框架结构等通常结构体系的基础上产生和发展的，具有绿色节能房屋建筑结构特点的新体系。绿色节能建筑体系的目标就是在可持续发展理论指导下，适应社会、经济发展的需求，以环境与发展为中心，以人与自然的共生，人工环境与自然环境的共生重构人类居住体系；在不损害基本生态环境的前提下，使建筑空间环境得以持续满足人类健康生存和发展的需要。随着建筑工业化高速发展，新的材料、新的集成建筑体系从生产到集都在工厂制作完成，集承重，保温，装饰一体化的"城市窑洞"式建筑的发展，必将带动建筑产业的发展。现在全民都在发展生态文明建设，民俗文化也越来越受人们的关注与倡导，那么与窑洞正好相衔接，对与普及倡导旅游产业、文化产业、生态产业、建筑装配式具有非常重要推动作用。

记　者："城市窑洞"与传统土窑洞有哪些区别？

代学灵："城市窑洞"式绿色节能建筑是把传统土窑洞热湿环境的优势引入到现代建筑的设计理念中而提出的一种新型绿色建筑体系，是对传统土窑洞的继承和发展，是中国建筑节能事业的必然创造。在理念上，传统窑居的自然生活方式也给现代人的居住理念以新的启迪，"城市窑洞"式绿色节能建筑正是结合传统土窑洞和现代建筑各自的特点并有机结合在一起的产物。它在保持现代建筑原有风格和使用功能不变的前提下，达到传统土窑洞的优良效果，同时传统土窑洞难以解决的问题，如通风不良、光照度差、易于霉变等缺点，在"城市窑洞"式绿色建筑中都得到了很好解决，并且"城市窑洞"式绿色建筑可以很好地处理室内装饰及现代家具带来的有害气体等，是一种全新的返璞归真、可持续发展的建筑理念，是现代人追求健康生活的必然归宿。

在恒温、恒湿，恒氧、恒静、恒洁的基础上保温隔热、节地节材、节能环保、防火抗震、施工简单等方面，原生窑居是厚重型被覆结构、封闭规整的空间布置、依山就势，就地取材、大窗日光照明取暖、火炕炊事取暖、无机土材、拱结构、人工打窑、箍窑自然的构成与民俗、装饰风格天圆地方的造型等；城市窑洞采用高性能保温材料、封闭的整体式保温体系、减轻自重、轻质高强，向空间发展、地能、太阳能、生物能综合利用、轻质高强无机材料、机械喷涂，泵送施工、简洁明快、现代时尚，并能大量的利用工业废弃物，彰显绿色环保理念。

采访感言

讲好“中国窑洞”故事

■ 张 华

采访代学灵教授，记者体会到，对于贯彻落实党的十九大精神，提高国民幸福指数，维护、利用和保护好古建筑，挖掘民俗、乡土文化内涵，展现美丽中国新形象、新气派具有一定的意义。

窑洞是我国特有的一种传统民居建筑，因其冬暖夏凉、经济实用而源远流长。她不仅体现了我国劳动人民的伟大智慧，在当代也凝聚了中国共产党人艰苦奋斗的优良传统和伟大精神。从建筑学意义上看，蕴含了“天人合一”的哲学理念及人与自然和谐共处的生态科学观，同时，彰显了崇尚东方村风民俗文化和绿色节能建筑、建材更新换代的完美结合，既有原生态淳朴自然的美学原理，又有现代科学的养生之道，奏出了黄土凝固“建筑音乐”的和谐之声。

延安、西柏坡等革命圣地的中国窑洞是红色摇篮的象征，见证了中华民族伟大复兴精神传承与发展，诠释的是中国形象、中国特色、中国奇迹、中国气派、中国智慧、中国力量、中国建筑、中国模式、中国经验、中国故事等一系列文化内涵。

窑洞彰显的是中华民族最有特色、最有个性的文化魅力。她以素面朝天、不涂脂抹粉的建筑理念，向世人展现了清水出芙蓉、天然去雕琢的淳朴美、生态美、自然美等。

窑洞是中国人民向世界人民递交的一张最有特色、个性、响亮的名片之一。发展中国窑洞是把政治、经济、社会、文化、生态的各个领域融入一起的产业，具有中国长城般的形象，中国高铁般的风采，是展示在世界人民面前的一道璀璨耀眼亮丽风景线，让世界人民关注、参观、体验、羡慕、共享，实现真正意义上人类命运共同体的伟大内涵。

窑洞民居行业是通过一个点来展现绿色生态规划与乡村发展布局，融入于对外经贸交流与全域旅游推进，爱国教育等文化实践产物，也是用最真实感染的革命创业事迹、鲜活的案例讲给世界人民听，既放大了中国人民在国际世界行业话语权的地位，也弘扬了中华民族建筑民俗文化与传统文化儒道结合，“天人合一”的伟大理念、现代高科技太阳能、光伏等完美结合的新形象、新风采、新魅力。

中国窑洞能够体现人类命运共同体建设发展重要内容之一，也是推动我国建筑、建材工业、农业、美丽乡村建设等供给侧结构改革的大政方针。中国文化魅力丰富多彩中国窑洞其中之一，能够折服世界人民，具有国际影响力、能够充分彰显大国工匠精神与传统哲学、红色摇篮、美丽乡村深远含义。

绿色建筑承担着强大的社会责任，面对全球环境污染，我们应该开拓新思路，凝聚新力量，不断创新，以新时代的新思想、新理念、新战略来领会中国建筑、建材工业革命发展的深刻文化内涵，进一步明确发展中国窑洞建筑的新方位、新格局、新动力、新思路，落实企业社会责任，敢于担当新时代的新作为。

望更多力量参与到这项有意义的社会事业中来，为讲好“中国窑洞”故事增砖添瓦，为建设美丽中国作出应有贡献。

行业花絮

被动式建筑创新发展国际研讨会暨被动式超低能耗绿色建筑专业委员会成立大会在曹妃甸举行

（**本报讯　记者张华报道**）4 月 24 日 ～26 日，为期 3 天的被动式建筑创新发展国际研讨会暨中国城乡建设产业联盟被动式超低能耗绿色建筑专业委员会成立大会，于河北省唐山市曹妃甸新城渤海国际会议中心举行，来自全国各地及世界级被动房专家、教授、企业家、政府领导近 200 名会员参加，这标志着被动房走进新时代，开启新征程，走向新的里程碑！

这次会议由中国城乡建设产业联盟主办，京冀曹妃甸协同发展示范区建设投资有限公司承办；中纪委驻住房城乡建设部纪检组原组长、总工程师、现中国城乡建设产业联盟主席姚兵出席本次大会并向大会致辞。他说，被动房建设是引进更是传承，是需求更是市场，是差距更是潜力，是机遇更是挑战。让我们紧密团结在以习近平同志为核心的党中央周围，以习近平新时代中国特色社会主义思想为指引，凝聚新时代的奋斗伟力，为人民不懈奋斗，同人民一起奋斗，共同书写中国特色社会主义事业的新篇章。

住房城乡建设部科技产业文化发展中心国际合作处副处长彭梦月、中国建筑科学研究院高性能建筑中心主任于震等出席了会议并分别做了题为《中国被动式超低能耗建筑政策、实践与产业发展》、《中国被动式超低能耗建筑标准和关键技术》的报告。

中国城乡建设产业联盟常务副主席、秘书长汪法频主持了大会。

京冀曹妃甸协同发展示范区建设投资有限公司总经理李国庆作了热情洋溢的致辞，他说，作为大会的承办单位，感到无比荣幸，谨代表被动房领航者，向大会致以亲切的问候，愿被动房在新时代开启新征程，走向新辉煌。

美国研究和开发太阳能机构副总裁 Jay potter 博士、德国弗莱建筑集团中国区总裁王甲坤、京冀曹妃甸协同发展示范区建设投资有限公司规划发展部长史锡强等分别演讲了题为《保温节能建筑在美国的发展》、《德国被动式建筑案例》、《首堂 - 创业家被动式建筑经验介绍》的报告。

中国城乡建设产业联盟副主席侯小梅向大会介绍了被动式超低能耗绿色建筑专业委员会组建过程说明；被动式绿色建筑专业委员会主任、秦皇岛依得被动房科技有限公司总经理王臻作为主任单位代表发言并宣读了《被动式超低能耗绿色建筑推广方略》，演讲了题为《被动式超低能耗绿色建筑运行测试数据分析》报告。大会进行了鲁湖小镇、动式超低能耗绿色建筑湖北产业园等项目推介；中国城乡建设产业联盟与被动式建筑设备产品供应商、湖北基地建设、《湖北省超低能耗绿色建筑设计标准》联合主编等项目签约仪式；在水一方、首堂 - 创业家、鲁湖小镇等单位分别得到“被动式超低能耗绿色建筑示范基地”授牌。

会议安排参观了首堂 - 创业家；举行了本专委会第一次工作会议，会议由王臻主持，汪法频作了重要发言；通过审议了专业委员会 2018 年工作计划；专业委员会成员单位优势介绍；项目对接模式探讨等事宜。

第二十三篇

代学灵

“德国被动房”与“中国窑洞”一脉相通(下)

——访福建江厦学院教授代学灵

“洞主”的窑洞故事

2018年首期PHI被动房建造师中文认证培训在曹妃甸举行

访谈录—代学灵

“德国被动房”与“中国窑洞”一脉相通（下）

——访福建江夏学院教授代学灵

■本报记者　张 华

十九大报告中指出，讲好中国故事，展现真实、立体、全面的中国；加快生态文明体制建设，建设美丽中国。

上篇，我们谈了德国被动房与中国窑洞建筑理念一脉相通，这对加快我国生态文明建设、讲好中国故事具有重要意义。今天笔者就我国古窑洞建筑文化如何发扬传承及保护，如何在我国部分地区普及推广实施“城市窑洞”，中国窑洞如何改变经济增长方式、推动供给侧改革，以及工匠工艺、绿色建筑、建材体系建设等话题，继续采访了福建江夏学院国家一级注册建造师、工学博士、教授代学灵。

改变经济增长方式　推动供给侧改革

记　者：“城市窑洞”式绿色建筑具有居住舒适度高、节能省地、轻质高强、抗震性能好等特点。在国家强制性推广建筑节能与抗震要求下，“城市窑洞”式绿色建筑具有强大的生命力，对远离雾霾、大气污染都具有重要意义，那么具体体现在哪些方面？

代学灵：对国家而言，“城市窑洞”式绿色节能建筑能耗约为 8.0kg 标准煤 /(m^2·年) 以下，低于目前欧盟标准 8.57kg 标准煤 /(m^2·年)，比国家 50% 标准所需能耗 13.5kg 标准煤 /(m^2·年) 太原地区降低了 40% 左右；相比国家目前的建筑节能技术和节能要求，“城市窑洞”式绿色建筑可达到 70% 以上的节能标准，是目前所有建筑节能技术中经济效益和社会效益最高最明显的单项技术，可以极大地推动国家节能减排政策的实施，并最大幅度地抑制全球变暖。采用“城市窑洞”式绿色建筑可以开创各级政府的建筑节能工作新局面，提高我国建筑节能水平。同时，采用该建筑体系能使建筑节能领域分户计量的瓶颈问题得到最有效解决，“城市窑洞”式绿色建筑不仅可以做到分户计量，甚至可以做到分室控制。另一方面，该建筑采暖系统采用热泵包括土壤源、污水源、水源等，技术系统的技术支撑和加速器，有利于推进建筑中可再生能源的应用，转变能源增长方式，促进节能减排。

对住户而言，居民不需增加投资或增加少量投资，即可享受窑洞般的居住环境。并有效节约北方冬季采暖和南方夏季空调制冷的费用。由于采用了全面内保温，可达到北方保温效果显著、南方降温和升温迅速的效果。同时，该建筑还具有隔声吸音、防辐射、吸收有害气体、环保等特点，在提高人类居住舒适度和健康长寿方面，“城市窑洞”式绿色建筑是目前任何其他建造技术所不能比拟的。

对建设单位、开发商而言，由于“城市窑洞”式绿色建筑采用的新型材料，可减轻结构自重，缩短施工时间，降低施工成本，减少整体运输费用，降低综合造价。

记　者：城市窑洞的建筑体系建设是不是也像被动房一样非常严格？

代学灵：是的。“城市窑洞”式建筑需要新型建筑结构保温体系和高性能保温材料，而且是按照建立资源节约型、环境友好型社会的要求，把传统土窑洞热湿环境的优势引入到现代建筑的设计理念中，从而构建的一种新型建筑体系。该体系是按照绿色建筑的要求进行研发的，具有居住舒适度高、节能省地、轻质高强、抗震性能好等特点，同时可以大量利用工业废弃物。

节能　环保　健康　舒适

记　者：关于城市窑洞提高结构温度稳定性及耐久性、长寿性等方面，请您讲讲。

代学灵：住宅的舒适度包括热湿环境、空气质量、声环境和光环境四个方面。其中热湿环境是最重要的指标也是耗能最大的一个方面。人觉得最舒适的温度是24.5℃，同时还要保证空气的湿度、流速及物体的界面温差控制在一定范围内。即所谓“冬暖夏凉”，或者说一年四季恒温恒湿。城市窑洞利用了新型绿色保温材料的蓄热隔热性能，在外界气温日差近20℃的情况下，仅需少量辅助能源，就可改善建筑热稳定性，提高室内温度分布均匀性，将室内的温度波幅维持在非常小的波动范围，营造出冬暖夏凉的室内环境，有益于居民健康。

在声环境方面，该建筑具有吸音隔声的特点，试点建筑中，采用整体式保温方式施工，外墙、隔墙及楼板的隔声量均大于50dB，不受交通噪声和邻居噪声的干扰，给居住者提供了安静隐私的环境。

在空气质量方面，该建筑采用多层多孔材料作为结构、保温及装饰层，经试验测定，其对于不变污染物，如有毒有害气体的24h吸收量达到95%以上。

此外，该建筑体系中的新型无机材料具有呼吸作用原理，可以调节室内湿度，具有透气、不潮湿、不结露的特点，城市窑洞式绿色建筑提供的室内温湿环境优于目前窑洞的室内环境。

记　者：城市窑洞式绿色建筑优势体现在什么地方？

代学灵：主要优势体现在利用承重性保温混凝土和保温砂浆，借鉴窑洞原理，通过微环境控制，实现保温、承重、装饰一体化。保温体系的合理性是建筑节能研究中不可忽略的问题，本项目研究采用整体式保温系统，符合窑洞的基本理念，能够带来稳定的温度场，彻底避免了温度应力对建筑结构产生的影响，能保证建筑结构的安定性，改善建筑结构耐久性，也保证了节能的效果。

此外，经过城市窑洞室内保温处理的建筑物，其发生碳化、腐蚀、锈蚀等老化现象的可能性大大降低，住宅保持良好使用性能的时间会大大延长，其耐久性远高于一般建筑。

记　者：城市窑洞式绿色建筑有哪些消防和环保方面的要求？

代学灵：有机保温材料易燃，保温层材料失火，不仅整个保温层和外墙装饰材料层毁于一旦，而且保温层引起的火势蔓延迅速，扑救相当困难，此类事故时有发生，危害极大。另外，有机材料热分解时会产生毒性气体和大量的浮尘，造成环境污染和安全事故。

城市窑洞式绿色建筑所用保温材料为A级不燃材料，在1000℃高温中不燃烧，不蔓延，可广泛用于密集型住宅、公共建筑、大型公共场所、易燃易爆场所、对防火要求严格场所。进行了整体式保温的城市窑洞，使整个建筑物整体达到A级防火等级的要求，住宅防火性能良好，并消除了火灾向邻近房屋蔓延的可能性。此外，良好的防火性能也增强了结构的耐久性。

新型绿色节能建材体系建设

记　者：关于城市窑洞新型绿色建筑材料是不是非常关键？

代学灵：是的。在结构设计时，由于城市窑洞式绿色建筑采用的新型材料——无机材料替代传统水泥、混合抹灰砂浆，可减轻结构自重 14%～20%，从而，可有效提高结构抗震性能，降低楼板、梁、柱等配筋率，可节约钢材的使用量，从而可有效减少建造成本。

在地基处理方面，按一般地基情况和与上部结构自重近似线性关系推断，采用城市窑洞式绿色建筑可节约 14%～20% 的地基及基础处理费用；消防设计时，由于城市窑洞式绿色建筑整体达到 A 级防火等级的要求，从而可减少消防器材的数量；暖通设计时，由于该体系节能效果显著，因而减少了热工设备的布置数量。

施工方面，由于同等厚度的保温砂浆的施工时间为普通砂浆的 1/2 和结构自重的减轻，可缩短施工时间，减低施工成本，减少整体运输费用，降低综合造价。课题组通过对某“城市窑洞”式建筑进行了结构分析、舒适度实测、和节能效果实测及计算，结果表明，从设计阶段进行城市窑洞式绿色建筑的设计，不仅没有增加建造成本，反倒使其全寿命周期费用大为降低。

瓶颈与突破

记　者：“城市窑洞”发展中有哪些障碍？

代学灵：第一大障碍，北方地区因供热控制进度缓慢，影响建筑节能工作整体进度。采用该建筑体系能使建筑节能领域分户计量的瓶颈问题得到最有效解决，城市窑洞式绿色建筑不仅可以做到分户计量，甚至可以做到分室控制。同时，采暖系统采用热泵，即：土壤源、污水源、水源等技术系统的技术支撑和加速器，有利于提高热泵效率，降低运营成本，满足人类舒适度要求，从而推进建筑中可再生能源的应用，转变能源增长方式，促进节能减排。

第二大障碍，市场上“夹心饼干”式外保温体系达不到坚决的控制，导致建筑节能效果差。着火、开裂等事故不断发生。

第三大障碍，建筑工业化发展缓慢。承重型保温混凝凝土，轻质，高强，保温，便于制作安装，随着建筑工业化的发展，其势必替代普通混凝土。

记　者：针对以上问题，需有哪些突破？您有何对策？

代学灵：一是体系上的突破，即六面壁保温。对砖混、框架和装配式结构的既有建筑节能改造项目，在建筑物的外墙面和房间六面壁（包括墙体、楼地板和顶棚面等）用一定厚度的不同规格和型号的专用玻化微珠保温砂浆替代传统抹灰砂浆作为装饰保温隔热层，形成了内外封闭、集保温装饰于一体的整体式保温系统。对于新建建筑，采用保温承重型混凝土浇筑围护构件后采用保温砂浆进行装饰抹灰，形成窑洞式保温体系。

二是材料上的突破。课题组注重于高性能无机保温材料的研制，目前已多项国家发明专利。

记　者：这些新型体系、绿色建材主要都有哪些？

代学灵：主要是两大体系和两大材料。两大体系是指“窑洞式建筑环境的施工方法”、“玻化微珠涂抹现浇整体式保温隔热体系”。两大材料是指高性能保温砂浆及其施工方法、高性能保温混凝土及其施工方法。“窑洞式建筑环境的施工方法”即涂抹式六面壁保温。“玻化微珠涂抹现浇整体式保温隔热体系”即在新建现浇剪力墙结构体系中，用承重型玻化微珠保温混凝土替代普通混凝土进行墙、板等构件整体浇筑，在形成混凝土结构体系的同时，就完成了整体式保温工程的施工，构成集承重、保温、围护于一体的结构自保温体系。在现浇整体式保温系统的基础上辅以涂抹整体式保温系统形成的保温隔热体系，既可以满足既有改造土窑洞与城市窑洞市场需求，也推动绿色建筑供给侧改革。

记　者：窑洞式保温体系的市场发展与前景如何？

代学灵：很好。目前我国用于保温的材料主要是聚苯板（EPS）、挤塑板（XPS）、聚苯颗粒保温砂浆、纸面石膏聚苯板、GRC 夹心板等。现行的有机保温材料，如聚苯板使用寿命为 15 ~ 25 年，如果用聚苯板做外墙保温，明显与建筑物不能同寿命，一般建筑物的设计寿命为 50 ~ 70 年，这意味着就同一建筑物一生需要做好几次外墙保温，这将是一个巨大的工程，所花费用也是无可估量。这笔费用由谁买单？就目前来说不好确定，但若解决不好，这将是一个重大社会问题。而在二次保温过程当中所带来的建筑垃圾，也会对环境造成很大污染。全国如此大规模的建筑保温节能工程，需要耗用大量的保温材料。如过多依赖有机保温材料，若干年后必将付出极大的经济与环境代价。

城市窑洞式绿色建筑所用保温材料为无机材料，理化性能稳定，可以与结构同寿命，解决了有机材料固有的耐久、抗老化、性能不良等痼疾。就房间而言，同时利用率不到 30%，控制室内大环境的外墙保温体系显然是不科学的，将来势必被工业化生产出来的“窑洞式”整体保温建筑所取代。

总之，城市窑洞式绿色建筑不仅体现出多方面的绿色性，同时可以实现“国家不买单，各级政府不买单，开发商不买单，居民不买单，科学来买单”的初衷，具有显著推广价值。希望通过城市窑洞的研究，探索一种能够提供健康、舒适、安全的居住和工作空间的建筑，探索高效率地利用资源（节能、节地、节水、节材）、最低限度地影响环境的建筑的实现方式。为现代城市人营造宜人室内微气候，提高现代人生活品质。同时也为建筑市场提供制约和规范，促使在设计，运行、管理和维护过程中更多考虑环境因素，引导建筑向节能、环保、健康舒适，讲求效益的轨道发展。

采访感言

“洞主”的窑洞故事

■ 张 华

故事中的“洞主”——代学灵教授，因冬天不适暖气，夏天不适空调，多年来，寒暑假避居于北方经改造的传统土窑洞中，平时工作期间居于南方依靠天井采光、通风、调温、调湿的“城市窑洞”中，过着冬不用取暖，夏不需降温，健康而朴素的天然“恒温”生活，并长期从事于超低能耗建筑研究。因喜欢住“洞”，大家都习惯称他为“洞主”，他也喜欢这个称谓，索性把自己的微信名改为“洞主”。

河南焦作云台山腹地，晚唐诗人商隐故里沁阳山区，有一个依山傍水的自然山村——牛笼嘴。村中半山腰背山面水有一座黄土墙、青瓦房、木结构的小门楼，是由正坐的两孔土窑洞围合而成的具有北方民居风格的小四合院，这是当地少有的房中套洞、洞中有房，洞中连洞的特色民居，被“洞主”戏称为“洞房”。这里就是我们故事的主人翁代学灵教授寒暑假栖居之处。

谈起“洞主”的窑洞之缘，故事还要回到十年前的2007年，代学灵师从太原理工大学博士生导师李珠教授攻读博士，进行超低能耗绿色建筑——“城市窑洞”的研究，致力于运用现代新材料和新技术，依托于对地能和太阳能等可再生能源的利用，将传统土窑洞的保温隔热原理应用到现代城市建筑中，建成“城市窑洞”绿色建筑。在研究过程中，他于2008年沿黄河而上，对黄河流域窑洞分布地，河南、山西、陕西直到延安的窑洞民居进行实地考察、调研、测试，并沿途对居住土窑洞中出现的阴暗、潮湿、结露、通风不好等问题的解决与防治，提出了合理化的建议。尤其在考察过程中，遇到一位曾经是城市居民中年男子，因高血脂、高血压、高血糖，“三高”俱患，在医院治疗无望的情况下，经人指点，选择在一深山，择窑而居数年，居然得到康复。此事让代学灵印象深刻。考察结束，“洞主”决意进行拯救传统绿色建筑——土窑洞。随即选择家乡附近，上述提到的牛笼嘴村，租买废弃多年坍塌窑洞院落进行窑洞改造、改性试验研究。改完后居住，舒适、安逸，真是“不住不知道、一住离不了”。住上窑洞，“洞主”冠名，代学灵这位“冬用暖气流鼻血，夏享空调感冒来”的空调病患者，从此与窑洞结下了不解之缘。

取得坍塌窑洞院落的长期使用权后，“洞主”充分利用地方材料，现代材料和新技术，从房间布局、结构安全、保温隔热、采光通风、洞体防水防潮、适用经济、室外环境和通水通路等方面，对土窑洞进行改造建设。改造中，代教授创造性的在土窑洞项目中利用了“拱梁托板”、“渗透土体自防水”、“直角孔洞采光”、“洞体内提升”等专项技术，不仅为自己营造了一个舒适、安逸的休闲环境，也为我国土体窑洞改造与利用提供了理论和技术的支持，同时也引领了“美丽乡村”的振兴与发展。

在土窑洞整个建筑空间设计过程当中，代教授非常尊重建筑原貌和地域特色、体现窑洞文化，注重新改建筑与当地环境的融合。在空间体量方面，严格控制在原先建筑的建筑红线与高程之内，没有任何突兀感。在空间语言上，采用延续当地传统窑洞拱形的空间元素，并进行解构与重塑，建筑风格彰显古今对话与历史重现。在关键的材料选择方面，新建采用了传统的夯土技艺，砌筑铺筑上采用旧砖老瓦卵石堆，就地取材，这样最后呈现的是有超前概念的当地“土”房子。

采访中“洞主”告诉记者，他乳名叫“红军”。长辈给他起这个名字是希望他发扬“红军不怕远征难”的精神，牢记“吃水不忘挖井人”。20 世纪 80 年代，家族又按学字辈给他起名为“学灵”，他幽默的解释为科学发展观的“学”，灵魂工程师的“灵”。他说，我要像自己名字一样，传承历史，发扬传统，利用科学，将中国传统窑洞建筑的节能环保、恒温恒湿、舒适安逸、天人合一等“灵魂”熔铸于现代建筑中，像自己导师李珠教授一样，影响和带领自己的学生，营建更多的现代窑洞性建筑。

行业花絮

2018 年首期 PHI 被动房建造师中文认证培训在曹妃甸举行

（本报讯　记者张华报道）2018 年 5 月 28 日 ~6 月 1 日，“2018 年首期 PHI 授权被动房建造师中文认证培训”在河北省唐山市曹妃甸渤海国际会议中心举行，来自全国各地建筑、建材开发设计、建设规划、施工监理、咨询检测等方面的技术专家、教授、设计师等近 50 人参加了培训。这意味着我国被动式超低能耗建筑水平达到新的高度。

这次培训由中国城乡建设产业联盟被动式超低能耗绿色建筑专业委员会主办；北京世纪鑫欧建筑科技有限公司、Jiang-Passivhaus Technik 承办；京冀曹妃甸协同发展示范区建设投资有限公司、森德（中国）暖通设备有限公司、江苏卧牛山保温防水技术有限公司、唐山万兴化工建材有限公司等单位支持。

中国城乡建设产业联盟副主席侯小梅，国家建筑材料工业技术情报研究所首席专家、中国被动式集成建筑材料产业联盟主席崔源声，中国城乡建设产业联盟被动式超低能耗绿色建筑专业委员会主任、秦皇岛在水一方被动房总设计师王臻，京冀曹妃甸协同发展示范区建设投资有限公司总经理李国庆，北京世纪鑫欧建筑科技有限公司董事长张延君，森德（中国）暖通设备有限公司总经理郭占庚等出席了开班仪式。

据了解，德国被动房研究所（PHI）是世界被动房概念的首创者和标准制定者，PHI 的资格认证具有世界通用性。目前中国的被动房建设均在 PHI 的指导和认证下进行。

本期培训，特邀 PHI 授权的德籍华人姜福翾作为本期建造师中文认证培训，及现场被动房建造技术应用实操的主讲人。“让中国人都住上被动房”是姜福翾追求的目标，也是他一生的夙愿。

培训内容有被动房的外窗施工、阻断热桥、外挂式门窗需要特殊的处理节点及满足保温、防火、气密性等要求、三玻双空镀膜位置选择、保温材料安装、气密性处理技术、热回收功能处理、新风系统等 113 门专业技术，包括隐患、疑难、拐点等技术处理。

这次培训采用 PHI 建造师教材全中文授课，结合中国被动房实际案例，编纂出适用本土化的系统培训教程；采用理论 + 实操相结合的模式；分为理论和实际操作两个部分。学员必须通过保温施工、窗户安装、穿墙洞口施工、新风系统安装，可再生能源系统安装等项目实操结果的评定。

培训形式采用分组讨论、协同设计、案例分析等模式，最大限度地让学员掌握要领，学会并操纵课程体系及内容。培训考试分实践操作及笔试两个部分，笔试为开卷考试，由德国 PHI 全球统一出题，统一颁发国际认可的被动房建造师证书；现场案例教学方法，让学员结合首堂·创业家项目施工、PHI 认证的 40 号楼被动式住宅，亲临被动房相关产品，直面剖析产品的主要部件和功能，现场观摩，答疑解惑讲授技术关键点。

侯小梅在接受记者采访时说，开办首期 PHI 被动房建造师培训及考试，其目的就是培养严格高效、专业的被动房建造师，能够严格遵循被动房基本原理和高标准，使我国的被动房建造水平达到新的高度。

第二十四篇

崔源声

中國建材報
CHINA BUILDING MATERIALS DAILY
www.cbmd.cn

陶瓷砖瓦工业排污许可证申请与核发技术规范开始征求意见

河南大气污染防治攻坚启动四大“作战计划”

强调加大建材行业错峰生产力度

让雄安成为再生建材使用的引领者

北京燃煤源基本退出主要污染源行列

四川首笔环保税落户星船城

访谈录 — 崔源声

让雄安成为再生建材使用的引领者

——访建筑材料工业技术情报研究所首席专家、二级教授崔源声

图为崔源声接受中国建材报记者张华采访

■ 本报记者 张华

如何挖掘雄安特色资源，把现有的淤泥、芦苇、秸秆、建筑垃圾、工业废弃物等变为生物质建材和生态友好材料，化腐朽为神奇，使绿色节能建材筑就一座神圣的未来之城，使雄安新区变成一道璀璨耀眼的风景线？近日，带着这一系列问题，记者邀请建筑材料工业技术情报研究所（以下简称情报所）首席专家、二级教授、原副所长、中国被动式集成建筑材料产业联盟（以下简称产业联盟）主席崔源声再次做客《中国建材报》，进行了深度访谈。

淤泥做成多种陶粒新型建材

据了解，目前，雄安新区已深入推进全域及白洋淀流域纳污坑塘、农村环境生活污水与垃圾、工业企业排污、黑臭水体、工业固废和医废危废等专项整治工作。今年将着力开展白洋淀上游河道支流截污、排污口规范化整治和非法排污口封堵、垃圾处置、畜禽养殖类污资源化利用等工作。

在崔源声看来，前两年，白洋淀的水还是五类水，而且很多鱼类都死亡，现在雄安新区的建设不能再走过去先污染再治理的老路。水一处理就会产生大量的淤泥，包括原来没有处理的白洋淀里差不多1m厚的淤泥，这些二次资源一旦得到开发和利用，将会产生意想不到的巨大收获。有关综合治理措施和未来雄安新区建设构想，已经有中海建设集团及建材情报所牵头组建的被动式建筑产业联盟提出计划，准备把这些淤泥清理出来，加工成各种各样的绿色建筑材料：譬如淤泥不仅可以做砖，还可以做轻骨料陶粒、高强陶粒、陶粒混凝土和制品、隔热保温材料，乃至装配式被动房和基础设施部品部件等。

崔源声介绍，由于陶粒是烧结材料，是性能非常稳定的建材，具有做被动式建筑墙体保温材料的天然功能。此外，它不仅可以做成一般的轻骨料混凝土，还可以做成500～800号的高强混凝土，用于建造梁板柱和基础设施。一般机场跑道的混凝土标号也就是500号左右，高强陶粒混凝土可以做出600号到800号的强度，用于高铁轨枕和面板建设也没有问题；用于市政基础设施建设，其强度和耐久性能也都能够经受住考验。此外，雄安新区建设中老城拆迁产生的大量建筑垃圾，还可以用于生产再生建材。

"不管是用来制作再生混凝土，形成铺路材料，还是采用新的技术，比如生产低聚物水泥混凝土和制品，或生产免烧的污水过滤陶粒材料等新型建材或环境功能材料，甚至可以用来做一些结构性的材料，都具有广阔的开发前景。"崔源声说。

当然，将大量的淤泥变废为宝，化腐朽为神奇，这是一项艰巨的工作。它包括将来从源头上采取治理措施的污水处理厂，对于由此产生的淤泥来说也是一个好去处。白洋淀淤泥清除出来，湖水变清，是一个绿色建材的首要来源；而后，千家万户包括企业都进行污水源头治理之后过滤排放产生的淤泥，还可以持续利用。这样就可以做到可持续发展、生生不息，只要坚持污水严格处理、污染物近零排放，就会永远产生这些东西，这也是绿色建材、绿色建筑和绿色基础设施可持续发展的资源保障之一。

崔源声指出，建材工业是一个需要对原材料进行适时战略性转移的传统产业。过去都用天然的自然资源，包括开山、采矿、河道挖沙，不仅破坏了生态，而且这些天然资源也日渐枯竭；现在政府已经逐渐不允许这种不可持续的行为蔓延了，那么河沙不让采了、开山不允许了，就用这些下水道的淤泥做出陶粒，自然是一个可以做到利废和环保两全其美的选择。下水道淤泥变成烧结陶粒，原则上希望都能用上可再生能源，即利用太阳能，光伏或光热，科研和设计部门已经在尝试，用电炉来烧陶粒；不能再烧煤炭了，整个华北地区的雾霾非常严重，必须限制传统的能源使用，国家鼓励采用清洁能源。

我国煤炭占的能源比例还在 60% 以上，而发达国家，比如 OECD 国家，煤炭占能源的比例平均只有 10% 左右，所以国家也在鼓励利用新能源和限制烧煤，以减少雾霾等突出环境问题。煤和石油烧完后的主要污染物是二氧化硫和氮氧化物，加上汽车所产生的氮氧化物，这些都是雾霾的主要成分。因此要鼓励用可再生能源，这样才能生产从全生命周期来评价都可以称作为绿色建材的新材料。

“利用环保产生的淤泥等废弃物生产烧结和免烧陶粒砂，这是再生建材的一个新领域。环保治理产生的下水道的淤泥，特别是对于未来的雄安新区建设和科学利用而言，都具有特殊的意义。”崔源声认为，白洋淀的净化和清淤，将实现还我白洋淀“华北明珠”之美誉。提高新共识，践行“绿水青山就是金山银山”的科学论断，才能使美丽的水泊白洋淀，再次绽放昨日的旖旎风光。

芦苇、秸秆变生物质建材

白洋淀有大量的芦苇，它和秸秆都是工信部积极倡导的生物质建材。因为我国的森林覆盖率不高，只有 22% 左右，但是我国是人口大国，种粮土地面积巨大，一年有将近 10 亿 t 的秸秆产生量。

崔源声认为，人口大国种粮食就多，所以农作物秸秆也非常多；对于白洋淀地区、雄安新区而言，还有大量的芦苇可资利用，地方政府一直苦于芦苇的无序增长，没有好的解决办法。实际上，应该按照自然规律，遵循可持续发展理念，有序的采伐；一年长多少，就要有序地收割一部分。当然收割率不能大于它的生长率，对于这种可再生的资源，再利用的时候要遵循一个可持续发展的原则，即采伐率一定要小于它的生长率，否则就采没了。对于森林资源，都是这样，要遵循这个原则，做到“砍一棵树，种两棵树”，要形成法律；这样才会可持续发展，生生不息。对于绿色建筑，特别是由生物质建材建造的建筑，如今已出现重组木技术，或叫 CLT（CrossLaminatedTimber）技术，这些年已开始风靡世界。利用这些生物质建材技术，可以盖出高楼大厦，代替钢材和混凝土，颠覆人们已有的传统认知。

崔源声讲，看到一个报道，说美国的一个华人胡博士，进行木材重组之后，其强度可以超过钢材和混凝土，可以建造几十层的大楼，日本准备用重组木来建造 80 层的木结构建筑。再如，北美的加拿大，用 CLT 技术在 UBC 建造的 18 层学生公寓，如今已经投入使用。当前，我们国家木材缺少，那就可以用生物质建材代替，比如芦苇、竹子、秸秆等这些东西，从理论上将，都是可以代替木材的，所以也是没有问题。这些资源年年生长，不像种树，至少需要十年或几十年的生长期。现在业界把秸秆等生物质资源，称为第二森林资源，而且秸秆一年就长出来了。现在农民几乎全都把它烧掉，污染环境、影响飞机的起降，造成雾霾，那么我们把它变成生物质建材，就是一个非常好的出路。

关于生物质建材，最近，工信部到哈尔滨调研，崔源声推荐了两个工厂，其中哈尔滨的展大公司用秸秆做成的砌块非常好，可以给农民盖三层以下的房子，产业联盟给它做装配式被动房设计指导，这也是我们倡导的发展方向，成本才每平方米 2200 元，做 200m^2 的别墅造价也只有 42 万元，老百姓都能承受得起。所以大家以前觉得被动房贵，其实是以前大家都还不会做，高出部分基本都是学习成本；根据国际上的经验，被动房一次性投资跟普通房子基本差不多，从长期运营来看，节能 90% 以上；高质量就更不用说了；全口径投资成本是低的，还不包括环境成本。用雄安新区当地的资源做当地的被动房，成本会更低廉，质量会更上乘；加上被动式建筑充分利用当地的浅层地热资源、周边的工业固废资源，雄安新区会成为全国第一个无烟供暖的城市，没有被动式装配建筑技术，将是无法实现的。雄安新区将是全国绿色建材和建筑的典范，会走出一条生态友好，国际一流，人口、资源、环境全面协调与可持续发展之路。这也正是我们绿色建材和绿色建筑转型升级，走质量和效率增长的一条通向现代化的道路。

建筑垃圾变为再生建材

《纲要》指出要坚持绿色发展，采用先进技术布局，建设污水和垃圾处理系统，推广超低能耗建筑，优化能源消费结构。强化大气、水、土壤污染防治，加强白洋淀生态环境治理和保护，同步加大上游地区环境综合整治力度，逐步恢复白洋淀“华北之肾”功能。

崔源声讲，除了当地的新建建筑和基础设施建设要利用当地的生态建材资源，雄安新区也有不少既有建筑需要拆除或改造。既有建筑有的不符合整体规划的要求，那么不久将可能会拆除；拆除就会形成大量的建筑垃圾。那么再生建材都会形成比较大市场需求，这也是国内外特别关注的项目，现在从技术上都已经有了很好的解决方案。

目前，现有的建筑垃圾利用，已经有非常好的技术；在国外，比如欧洲早就已经有 90% 以上的建筑垃圾被利用了。

我们国家的建筑垃圾利用率在 5%～10% 之间，相对比较低。这几年才刚刚发力；像机制砂类似的产品，北京的山基本都不让开采了，那么就要利用建筑或工业废弃物，把建筑垃圾变成高强度和高性能的再生建筑材料，供需市场都是非常大的。过去中国的建筑有很多毛病，其中一个就是寿命短，平均只有30多年，建筑寿命起码应该到达100年以上。现在改革开放初建造的房子，如今已经40年了，好多地方那时候建的房子都要拆了，将形成大量的建筑垃圾。我们再把建筑垃圾充分利用起来，变废为宝，来满足、适应新建筑和道路基础设施建设的海量需求。目前需要绿色的材料量非常之大，建筑垃圾和工业废弃物的数量如果得到充分加工和利用，其数量已经完全可以满足今后几十年的建设需求。

关于建筑垃圾变可再生建材能不能引领世界？崔源声认为，从整体数量和建设量来说，中国一定是世界第一！自改革开放来，世界上50%以上的建筑量在中国，我们的建筑材料也是占全世界的50%以上，我们的水泥产量曾经达到全世界的60%，经验肯定是全世界最丰富的。各种建筑的体量巨大，当然在高精尖方面我们还需要进一步的发展和赶超。雄安新区的定位是国际水平，如果按雄安新区的建设和定位，那么它的材料、建筑和基础设施，从总体上看肯定是世界一流水平。所以，关注雄安新区，就是因为在这个地方要在绿色建材、绿色建筑和绿色基础设施的方方面面，特别是我们的绿色建筑材料，会有它的独特性和先进性；经过大建设后，今后雄安新区肯定是能达到非常高的水平，一定是国际一流水平，引领中国、引领世界。所以这也是为什么我们要研究它，全国各地都要学习它的根本原因。

崔源声表示，雄安新区周边，乃至全国的好多建材企业、制造企业都跃跃欲试，都想搭上雄安建设这班绿色快车。包括唐山，邯郸，邢台、石家庄和保定等周边地区，甚至山西和内蒙古等邻近地区，都存有大量的工业废弃物可以利用，不光是淤泥，也不光是生物质建材或建筑垃圾，还有钢渣、矿渣、尾矿、粉煤灰、煤矸石和脱硫石膏等大量二次资源也可以加工成绿色建筑材料，形成绿色建筑和绿色基础设施的主体材料。雄安新区从建筑的未来发展大方向来看，装配式被动房、绿色生态节能建筑与基础设施将居于主导地位，那么衍生于二次资源的绿色建材、生物质建材、利废建材和可再生建材将大展宏图；我国的传统的建材产业也将面临一次难得的绿色转型升级和既有原燃材料的战略转移的历史机遇！

行业花絮

传达国际新动向　助推国内新发展

2018 全国装配式被动房高峰论坛在福州召开

（**本报讯　记者张华报道**）目前，全国进入了被动房大面积推广实施阶段。作为绿色新型建筑、建材企业应怎样深度融合发展，适应新形势需要，打造中国被动式建筑发展新纪元？近日，在福建省福州市隆重举行的 2018 全国装配式被动房高峰论坛暨第五届中国被动式集成建筑产业技术交流大会与展览会，为业界给出了很好的答案。此次会议主题为“传达国际新动向，助推国内新发展”，这意味着被动房进入了全新时代。

200 余名来自国内外的顶级专家、教授、学者、企业家等嘉宾会聚福州奋安铝业，传递了国际、国内被动房先进信息、发展趋势、超前理念、先进技术，推广新材料、新工艺和新装备，对绿色建材深度转型升级、深度融合发展、装配式被动房不同气候带的建造特点，标准体系及实战案例分析等进行了全面分析探讨。

本次会议由建筑材料工业技术情报研究所、建筑材料工业技术监督研究中心、中国被动式集成建筑材料产业联盟等单位主办。

中国被动式集成建筑材料产业联盟主席崔源声做了题为《第 22 届国际被动房大会综述报告以及被动房的经济性分析》的报告，福建省建材行业协会会长陈久榕，福清市建材行业协会会长、福建奋安铝业集团总裁黄秀华分别致辞。

大会现场设立了“中国被动式、装配式、集成式房屋和配套绿色建材展”，通过交流和展览，达到企业间相互观摩、相互学习和促进的目的；开展了被动式建筑优秀供应商推介和交流活动，包括“联盟十佳优秀保温材料供应商”“联盟十佳门窗系统供应商”“联盟十佳新风系统供应商”“联盟十佳新能源技术供应商”“联盟十佳防水材料供应商”“联盟十佳装配式被动房整体房屋提供商或建造商”等相关优势企业的宣传推广活动，同时产业联盟颁发了战略合作伙伴推荐产品证书。

大会组织参观了福建奋安铝业的中国第一家幕墙被动房项目和福建泉工股份的装配式被动房自动化设备生产线。德国 FLIB 气密性检测协会教授屋大夫做了题为《欧洲被动式建筑发展现状与趋势》的报告；福建泉工股份有限公司副总经理傅国华做了题为《德国现代化预制技术在中国的应用》的报告；福建奋安铝业集团副总裁黄磊做了题为

《中国式系统门窗在被动房与装配式建筑上的应用》的报告，博得会场的阵阵掌声。

会议专题讨论了《欧洲被动式建筑的发展方向与零能耗建筑》、《被动式建筑的发展对未来建筑业的影响》、《被动式建筑的设计和施工要点暨案例分析》、《国内外被动式建筑保温隔热技术应用现状及要点分析》、《被动式房屋墙体材料的研发和应用》、《被动式集成建筑保温隔热检测技术及相关研究》、《被动式建筑的发展走势及对建筑节能门窗的需求分析》、《欧盟门窗与中国门窗节能标准体系探讨》、《德国被动房节能门窗新技术解析》、《中国被动房用窗选用及介绍》、《被动房门窗的设计及制造技术》、《被动房门窗系统中玻璃的优化选择方案》、《国内外新风系统的最新进展与趋势》、《新风系统能量回收及净化装置标准及产品标准》、《被动式建筑空调系统的现状及设计分析》、《国际被动房新能源技术的最新进展》、《我国建筑遮阳技术及发展趋势研究》、《太阳能热利用技术在被动式建筑中的应用》、《地源热泵等新能源技术在被动房中的应用》、《国际被动房用防水材料的技术进展》、《被动式集成建筑防水密封材料的开发与应用》、《水性密封胶在被动式集成建筑中的应用》、《装配式建筑的国内外发展趋势与现状》、《国内装配式建筑的技术、装备和材料的进展》、《装配式建筑的生产工艺和设计标准》、《钢筋混凝土结构装配式建筑的典型案例分析》、《木结构装配式建筑的典型案例分析》、《装配式被动房的技术与经济优势分析》等内容。

会议通过了中国散装水泥推广发展协会被动式装配建筑专业委员会筹备工作报告暨成立大会全部议程；选举产生了会长、执行会长、常务副会长、副会长、秘书长、执行秘书长等协会领导机构的组成人员；正式宣布了中国散协被动式装配建筑专业委员会的成立、批复文件；通过了协会分支机构管理办法及工作规则。

中国散协被动式装配建筑专业委员会的正式成立，预示着我国建筑和建材行业在追赶国际前沿技术领域，又谱写出了新的历史篇章。

第二十五篇

姚兵

中国建材报

新气象 新理念 新要求 新担当

走进新时代的中国建筑、建材

走进新时代，中国建筑、建材以"绿展宏图"为口号，以"跨界+创新+协调"为新理念、新要求、新任务、新担当的新气象向我们走来！

中国加气混凝土八届二次大会在潍坊召开

新境界 新征程 新作为

访谈录—姚 兵

新气象 新理念 新要求 新担当

走进新时代的中国建筑、建材

■本报记者 张 华

走进新时代，中国建筑、建材以“绿展宏图”为口号，以“跨界＋创新＋协调”为新理念、新要求、新信息、新担当的新气象向我们走来！

新时代催人奋进，新思想凝聚力量。党的十九大召开以来，建筑、建材行业的绿色化发展势头更猛、劲头更足。12月7日，记者在江苏省常州市召开的第二届中国国际绿色建筑跨界交流大会上获悉：走进新时代，中国建筑、建材以“绿展宏图”为口号，以“跨界＋创新＋协调”为新理念、新要求、新信息、新担当的新气象向我们走来！

环境保护重在建筑

住房城乡建设部原总工程师姚兵说，党的十九大再次重点提出坚持绿色发展理念，推动生态文明建设。绿色建筑、建材也再次被强调为城乡建设的重大课题。我国工业、建筑、建材、交通和生活等节能产业中，建筑、建材节能被视为热度最高的领域，是减轻环境污染、改善城市环境质量的一项最直接、最廉价的措施之一。

我国既有建筑达 400 亿 m^2，却仅有 1% 为节能建筑。目前，建筑耗能总量在我国能源消费总量中的份额已经超过了 27%，正逐渐接近三成。在《国家新型城镇化规划》第 18 章第 1 节中明确指出：加快绿色城市建设，构建绿色生产方式、生活方式和消费模式。严格控制高耗能、高排放行业发展。绿色建筑是指在建筑的全寿命周期内，最大限度地节约资源：节能、节地、节水、节材、保护环境和减少污染等，为人们提供健康、适用和高效的使用空间，与自然和谐共生的建筑，又可称为可持续发展建筑、生态建筑、回归大自然建筑、节能环保建筑等。其基本内涵：减轻建筑对环境的负荷，即节约能源及资源，提供安全、健康、舒适等良好的生活空间；与自然环境亲和，做到人及建筑与环境的和谐共处、永续发展。

上下游企业牵线搭桥

姚兵指出：在行政管理上，住房城乡建设部、工信部、发改委、国资委在工作分工上有关系、有界限；专业分工上，住房城乡建设部管理的范围，业务上有专业司局分管，分工有界限。工信部管理的范围，涉及建材、环保、资源等专业司局单位管理，有界限；成果建设上，绿色建筑产业需要投资融资、项目开发、规划设计、施工监理、建材研发等各有关方协力、通力合作等，并跨出原有界限；合作共赢上，在搭建建筑产业链各方互动平台，实实在在为上下游企业牵线搭桥；服务创新上，绿色建筑促进会走在了建筑建材行业社团的前面，用三个字表达：敢、赶、干。敢，提出跨界概念本身就是创新，很多政府想干还没干，甚至想不到干的事情，绿促会想到了、真干了。赶，绿促会开启论文大赛就是赶着行业技术人员梳理、总结、交流自己的科技成果，引导、督促大家写论文。干，协会内部设立 GBA 奖，吸引行业人员入会，组织行业人员比拼。

走出绿色建筑的三大误区

姚兵说，绿色并不等于高价和高成本，绿色建筑的绿色并不意味着高价和高成本。比如延安窑洞冬暖夏凉，把它改造成中国式的绿色建筑，造价并不高；新疆有一种具有当地特色的建筑，它的墙壁由当地的石膏和透气性好的秸秆组合而成，保温性很高，再加上当地化的屋顶，就是一种典型的乡村绿色建筑，其造价只有 800 元 /m^2，可谓价廉物美。

绿色建筑不仅局限于新建筑，近几年我国建筑节能工作做得较好，基本遵循了绿色建筑的标准，但把大量既有建筑改造成绿色建筑的工作推进得不是很顺利，许多既有建筑仍是耗能大户。推广绿色建筑不只是政府的职责，广大居民也是绿色建筑的最终实践者和受益者。很多建筑本身的节能效果不错，可居民在装修过程中，把墙皮打掉了，或者换了窗户，拆掉天花板，这样就破坏了建筑本身的节能性和环保性。

绿色建筑、建材新设计

绿色设计 (Green Design) 是 20 世纪 80 年代末出现的一股国际设计潮流。绿色设计反映了人们对于现代科技文化所引起的环境及生态破坏的反思，同时也体现了设计师道德和社会责任心的回归，也可称为生态设计 (Ecological Design)、环境设计 (Design for Environment) 等。绿色设计的原则被公认为“3R”的原则，即 Reduce、Reuse、Recycle，减少环境污染、减小能源消耗，产品和零部件的回收再生循环或者重新利用。

姚兵说，绿色施工是指工程建设中，在保证质量、安全等基本要求的前提下，通过科学管理和技术进步，最大限度地节约资源与减少对环境负面影响的施工活动，实现环境保护。其原则减少场地干扰、尊重基地环境、施工结合气候等。它要求节水、节电、环保、减少环境污染等，提高环境品质、实施科学管理、作为建筑全寿命周期中的一个重要阶段，是实现建筑领域资源节约和节能减排的关键环节。

北京市政府为加强和规范奥运工程的施工管理，贯彻“绿色奥运”的理念，制定了《奥运工程绿色施工指南》。随后住房建乡建设部发布《绿色施工导则》。建筑施工能耗是建筑能耗的重要组成部分，城市化的发展趋势要求降低建筑施工能耗，主要包括 6 个方面：施工组织节能、建筑施工材料节能、机械设备和机具节能、用电及照明节能、节水与废水利用、临时设施节能、绿色节能建材等。

绿色建材的新概念

姚兵指出，绿色建材，又称生态建材、环保建材和健康建材，指健康型、环保型、安全型的建筑材料，在国际上也称为“健康建材”或“环保建材”，绿色建材不是指单独的建材产品，而是对建材“健康、环保、安全”品性的评价。它注重建材对人体健康和环保所造成的影响及安全防火性能。它具有消磁、消声、调光、调温、隔热、防火、抗静电的性能，并具有调节人体机能的特种新型功能建筑材料。

绿色建材的基本特征：（1）其生产所用原料尽可能少用天然资源、大量使用尾渣、垃圾、废液等废弃物；（2）采用低能耗制造工艺和无污染环境的生产技术；（3）在产品配制或生产过程中，不得使用甲醛、卤化物溶剂或芳香族碳氢化合物，产品中不得含有汞及其化合物的颜料和添加剂；（4）产品的设计是以改善生产环境、提高生活质量为宗旨，即产品不仅不损害人体健康，而应有益于人体健康，产品具有多功能化，如抗菌、灭菌、防霉、除臭、隔热、阻燃、调温、调湿、消磁、防射线、抗静电等；（5）产品可循环或回收利用，无污染环境的废弃物。

新建筑与新材料

姚兵说，建筑物正常使用状态下的建筑能耗，包括采暖、空调、热水供应、炊事、照明等方面的能耗。其中，采暖和空调的能耗最大。因此在正常使用状态下的建筑节能，主要是如何节约采暖、空调的能耗，选用节能建筑材料的重点部位是围护结构中的外墙、门窗和屋面。建筑节能外墙保温材料、新型砖材料、建筑砌块、新型保温节能墙板、建筑节能门窗材料；门窗框扇：塑钢门窗、铝塑复合门窗、玻璃钢门窗、木塑复合门窗；玻璃：中空、真空；镀膜；屋面：保温材料从膨胀珍珠岩为主发展到以矿物棉、玻璃棉及其制品为主生产过程中的低能耗建材；生态水泥：广泛利用各种废弃物，包括各种工业废料、废渣及城市垃圾为原料制造的一种生态建材；粉煤灰的利用：可以解决能源和资源问题，可以制作水泥、粉煤灰砖、加气混凝土以及肥料和土壤改良剂等。

建筑节能材料发展新趋势

姚兵强调，建筑材料行业的单位要以新型墙体材料、保温隔热材料、建筑垃圾推动建筑节能材料发展的对策建议等综合开发利用，要大力开展技术创新，推动技术进步，提高自主创新能力。各地方政府要健全法律法规，完善政策措施，制定完善相关技术标准。住房城乡建设部于 2016 年 12 月 15 日发布第 1393 号公告，批准《绿色建筑运行维护技术规范》为行业标准，于 2017 年 6 月 1 日起实施。今年 2 月国务院办公厅印发《关于促进建筑业持续健康发展的意见》。这些文件都为绿色建筑安全施工提供了顶层设计和具体新要求。

采访感言

新境界 新征程 新作为

■ 张 华

12 月 10 日，中国绿色建材产业联盟工业固废应用专业委员会在湖北省荆门市迎来一年一度年会暨首届工业领域负责人联席会，原住房城乡建设部党组成员、纪检组长、总工程师姚兵提出：2020 年底实现原生垃圾“零填埋”。这是对固废处理走进新时代提出的新境界、新征程、新作为、新气象。

我国固体废物产生量大、积存量多，每年产生固体废物超过 100 亿 t，历年堆存的工业固体废物总量达 600 亿 ~700 亿 t。我国每年产生畜禽养殖废弃物近 40 亿 t，主要农作物秸秆约 10 亿 t；一般工业固体废物约 33 亿 t、工业危险废物约 4000 万 t、医疗废物约 135 万 t、建筑垃圾约 18 亿 t、大中城市生活垃圾约 2 亿 t，固体废物产生量呈增长态势。

我国作为世界工厂，固体废弃物的产量不容忽视。其中除了一些可再次利用的资源外，巨量的固体废弃物占用了大量的土地，而且其中的有害物质还可能造成土地和水体环境的污染并危害人类的身体健康，危险固体废弃物的危害不容忽视。对危险固体废弃物的处理处置已成为一个新的课题。

欧洲在环境保护和废弃物处理立法方面，处于世界领先地位。1975 年，欧洲制定了第 1 部《废弃物处理指令》，确立了废弃物处理分层次体系原则：废弃物预防、再利用、循环、从废弃物中提取能源，并在 1992 年和 2008 年进行了两次修订。预计到 2020 年，欧盟一半的城市生活垃圾和 70%的建筑垃圾必须被回收利用，到 2025 年，填埋可回收利用的废弃物包括废纸板、玻璃、木料、塑料、纺织物和金属等将是非法的。

我国对不同固体废物的产生分布、利用处置、污染特性等方面的专项科学技术研究比较薄弱。专业平台少、技术人员不足、科研经费投入不够、利用处置固体废物的标准规范体系不够健全；传统制造业升级改造急需的先进适用技术研发滞后，钢渣、磷石膏、赤泥等一批难利用工业固体废物治理关键技术研究不足；农业废弃物处理技术集成不够，亟待构建适合不同区域的综合治理技术模式；垃圾渗滤液和污泥处理先进实用技术有待突破；危险废物监管中存在鉴别单位少、鉴别过程长等问题，相关风险损害评估、事故预警应急、信息平台建设等方面的情况也有待加强。

为防治固体废物污染环境，保障人体健康，维护生态安全，促进经济社会可持续发展，早在1995年，中国就出台了“固废法”。此后经过多次修订，一套完整的防治和监管体系已经建立。十九大报告提出，我国社会主要矛盾已经转化为人民日益增长的美好生活需要和不平衡不充分的发展之间的矛盾，现阶段人民对生态环境的需求日益增长，生态环境已成为人们追求美好生活的必需品，这一关于社会主要矛盾的新判断，已经把生态环境问题这个“发展不平衡不充分”的问题，明确纳入社会主义初级阶段主要矛盾的一个方面。

城市是由一个项目一个项目不断完善发展的；企业是由一个项目一个项目资本积累壮大的；建设者是由一个项目一个项目锻炼成长的。为此，处理固体废弃要重视项目。项目需要有严谨的科学管理性。管理科学从动作、行为、全面、比较、信息、文化到知识管理不断发展，快速优质的模式组成。做项目还需要合作的精神，竞合理念渗透在项目的全过程全方位。合作是更高层次的竞争，包括银企合作、产学研合作、产业链产业群合作、国际跨界合作等。城市垃圾固废处理还需要全民合作，人人有责才行。

十九大报告中强调：培养造就一大批具有国际水平的战略科技人才、科技领军人才、青年科技人才和高水平创新团队。为此，我们应该强调企业家精神与工匠精神。国庆节前，有一份重要文件正式发布，就是《中共中央国务院关于营造企业家健康成长环境弘扬优秀企业家精神更好发挥企业家作用的意见》，这被认为是党和国家首次以专门文件明确企业家精神的地位和价值，固废利用企业现在处在发展期，也涌现出一批具有成长性、科技型的企业。譬如：由工业固废应用技术专业委员会在2017年3月召开的利废建材论坛，组织的业内专家评选利废建材优秀成果企业、利废建材绿色化示范企业、利废建材绿色化领军人物等等，值得点赞。

2016年政府工作报告提出：要鼓励企业开展个性化定制、柔性化生产，培育精益求精的“工匠精神”。使得培育“工匠精神”引发社会广泛讨论。

为宣传推广精益求精的“工匠精神”，6月21日，工信部原材料司、节能司、工业文化中心，在国家工业和信息化部西单办公区一层大厅联合主办的“绿色建材产业成果展”，工业固废专委会推荐了10家企业、9个系列产品参加展览，覆盖了粉煤灰、工业副产石膏、尾矿、冶炼渣等领域，得到了一些专家、教授、学者的高度赞扬和肯定。工匠精神是对细节永无止境的打磨，是对完美和极致的不懈追求，更是对创新和创造的不断突破。

贯彻党的十九大精神，倡导中国行业话语权地位，使每一个行业的新精神、新气象。企业家应以新境界、新征程、新作为的思维，做好新形势下的固废处理实现产业化。让我们在生态城市、海绵城市、智慧城市的固废处理上有新突破！实现中高速增长，达到全球高中端水平。坚信从事固废处理产业链上的相关企业一定能够做大做强做优，取得新的辉煌！

行业花絮

中国加气混凝土八届二次大会在潍坊召开

本报讯（记者张华报道）12 月 13～14 日中国加气混凝土协会八届二次会员代表大会暨第 37 次年会在“世界风筝之都”——山东省潍坊市召开。由全国加气混凝土行业产业链的各界代表 400 余人次参加了此次大会，意味着我国加气混凝土行业走进了新时代，开启了新征程。

参加这次会议的人有住房城乡建设部原总工程师姚兵；中国建材联合会秘书长、中国加气混凝土协会会长孙向远；中国加气混凝土协会执行会长、武汉春笋新型墙材有限公司董事长王爱国；中国加气混凝土协会执行会长、南通支云硅酸盐制品有限公司董事长袁峰等。

大会由东岳机械股份有限公司承办；潍坊特钢集团特邀协办；中国加气混凝土协会秘书长魏从九主持。

姚兵做了题为《使命与关键》的报告；中国加气混凝土协会会长孙向远作了《2017 年中国加气混凝土协会工作报告》；东岳机械股份有限公司董事长孙春义、潍坊特钢集团副总经理张泽分别向大会致辞；全国水泥制品标准化技术委员会奚飞达秘书长做了题为《加气混凝土行业标准创新工作随想》的专题报告；中国加气混凝土协会顾问陶有生、东岳机械股份有限公司加气制品应用部总工 Eli 等专家分别做了题为《蒸压加气混凝土热耗及节能途径》《“渠道建设”推动中国被动房产业发展》《中日加气混凝土楼面板设计与性能检验的比较》《当前蒸压加气混凝土生产发展问题的思考》《蒸压加气混凝土的抗震节点和构件设计》的报告。

会议通过了《蒸压加气混凝土砌块》《蒸压加气混凝土板》《蒸压加气混凝土试验方法》三项国家标准的修订任务；以无记名投票的方式表决通过了《中国加气混凝土协会章程》《中国加气混凝土协会会费缴纳标准及管理办法》修改稿；选举了于成利、戚建钢和孙玉亭为协会监事；通过了中国加气混凝土行业第一批企业信用评价；表彰了第七批“加气混凝土行业 20 年以上工程技术人员”荣誉的人员名单，并颁发了 A 级以上企业铜牌及证书。

会议前夕，协会召开了八届四次理事会，审议通过《关于中国加气混凝土协会八届理事会届中调整和增补协会负责人的议案》；通过了聘请张思成为中国加气混凝土协会秘书长；增补魏从九为中国加气混凝土协会副会长；增补杭州富阳杭加新型建材有限公司总经理熊海东为协会副会长；通过了《关于修改中国加气混凝土协会章程的议案》《关于在中国加气混凝土协会设立监事及推举监事候选人的议案》《关于修改中国加气混凝土协会会费交纳标准及管理办法的议案》；同意推举于成利、戚建钢、孙玉亭等三位同志为中国加气混凝土协会监事候选人提交八届二次会员代表大会进行审议。

会议就行业发展中遇到的问题和 2018 年协会工作重点展开讨论，大家针对国家政策的调整和行业发展中遇到的困难以及行业发展的建议做了认真的发言。孙向远就协会向国家产业主管部门寻求对行业发展给予支持所做的工作进行了全面的说明，指出了行业的发展靠技术创新、装备升级、产品质量提升等作了详细部署，并对协会秘书处下一步应重点做好服务工作提出了明确要求以及对这次会议成功的召开作了总结发言。

会议同期举办了加气混凝土新技术新产品展示活动；组织代表参观了新建的潍坊特钢蒸压加气混凝土生产线。